diario italiano

per Lena & Gaetano

Coordinamento editoriale Paula Billingsley
Progetto grafico e impaginazione Chiara Borda
Fotografie Sigrid Verbert

Prima edizione: settembre 2012
ISBN 978-88-17-05916-9

Sigrid Verbert

diario italiano

Appunti di viaggio, ricette ed emozioni

del Cavoletto di Bruxelles

Rizzoli

sommario

8
56
32
128
80
152
104
174
224
198

200 300 400 500 600 700 800 900 1Kg
0
CHILOG.
Grasso

introduzione

L'anno scorso, quando iniziai a fare l'elenco mentale dei libri che avrei voluto scrivere dopo la maternità, ai primi posti figurava un *Viaggio in Italia*: avevo una gran voglia di uscire dalla mia "stanza-foto" per scrivere un libro di ricette che fosse come una passeggiata spensierata in cui si mescolano luoghi, ricordi, racconti e, ovviamente, sapori. In questi ultimi anni, infatti, ho viaggiato e curiosato in giro per l'Italia, per lavoro o per piacere, e non ho mai smesso di trovare luoghi ispiranti, di conoscere persone felici di condividere con me le ricette di casa, di scambiare opinioni su questo o quel prodotto locale, o semplicemente di accompagnarmi a prendere ciò che ritenevano fosse la migliore brioche col gelato in città. Per tutto ciò e per i ricordi preziosi che mi hanno lasciato mi sento molto fortunata, e credo anche che questo Paese si contraddistingua grazie all'abbondanza di ciceroni attenti e sensibili e al mosaico ricchissimo di sapori e tradizioni conservate con entusiasmo e passione.

Ciò che troverete nelle prossime pagine è una piccola raccolta di luoghi italiani – alcuni li conosco bene per averli frequentati spesso, altri meno – che mi hanno offerto spunti, ispirazioni, incontri, sortendo lo stesso effetto: farmi venir voglia di cucinare qualcosa. Non troverete, se non in pochissimi casi, le ricette fedeli alla tradizione (ci mancherebbe solo che vi venga a spiegare come si prepara la parmigiana di melanzane...), bensì idee impastate con quel quid "cavolettiano" che semplicemente sarei io, con la mia storia, i miei gusti e il mio strambo senso dell'umorismo belga...

La lavorazione di questo libro è stata intensa, di grande piacere, di discreta fatica ma anche di notevoli insegnamenti. Il mio desiderio più caro è che sfogliandolo vi possa venire voglia di cucinare, di viaggiare, di riscoprire e reinterpretare a modo vostro qualcosa della cucina locale italiana. O magari, semplicemente, fermatevi al mercato per fare due chiacchiere con quel contadino che vende i suoi carciofi e che sicuramente avrà molte cose interessanti da raccontarvi...

l'acqua e i sogni

Forse non c'è al mondo un luogo in cui gli elementi arrivano allo stesso punto di mescolanza; l'acqua sconfina nell'aria, la terra nella palude, la storia irrompe nel quotidiano e certe volte non si sa più bene se la Venezia che visitiamo è lì, reale, o se semplicemente stiamo sognando una città in cui tutto o quasi sembra meravigliosamente fuori dal tempo e dall'ordinario. E – come poteva essere diversamente? – anche i suoi sapori sono unici e inconfondibili...

Venezia non sarebbe la stessa senza le piccole barche da pesca che galleggiano intorno alle isole, senza i pescatori irsuti che scaricano pescetti argentati sulle Fondamenta, senza la miriade di molluschi e crostacei che riempiono le cucine della Laguna. Fra i miei preferiti ci sono le capesante, appena scottate e velate di una croccante e profumata impanatura. Un piatto da abbinare a una cena romantica con vista sul Canal Grande.

capesante gratinate alle mandorle

12 capesante – 2 cucchiai di prezzemolo – 1 spicchio d'aglio – 3 fette di pane integrale – 2 cucchiai di farina di mandorle – 1 arancia non trattata – 2 cucchiai di mandorle a scaglie – olio extravergine d'oliva – sale e pepe

Sistemare le capesante aperte su una teglia da forno. Tritare finemente il prezzemolo insieme a un pezzettino d'aglio. Eliminare le croste del pane e tritare la mollica al coltello. Mescolare il trito di prezzemolo con la mollica, aggiungere la farina di mandorle e una presa di sale. Distribuire questa impanatura sulle capesante. Aggiungere una grattata di scorza d'arancia, le mandorle a scaglie, un po' di pepe macinato e un filo di olio d'oliva. Passare il tutto sotto il grill del forno, a potenza massima, per 2-3 minuti o finché l'impanatura non diventa croccante. Sfornare e servire come aperitivo o, sistemando 3 capesante per piatto, come antipasto per 4.

Non c'è Venezia senza spritz!

Rigorosamente bevuto in piazza, anche quando fa freddissimo, condito con un paio di amici e una manciata di chiacchiere spensierate, inseparabile da cibi formato mini da sbocconcellare distrattamente aspettando l'ora del pasto. Ecco due idee semplici per un aperitivo goloso, ispirate a quei monumenti della cucina lagunare che sono i bigoli in salsa e il condimento al nero di seppia.

polpette di sarde

500 g di sarde freschissime – 1 cipolla bianca – 1 cucchiaio di aceto – 80 g di pane integrale – latte – 30 g di pinoli – 30 g di uvetta – 2 cucchiai di prezzemolo – pangrattato – olio extravergine d'oliva – olio per friggere – sale e pepe

Pulire le sarde, eliminando teste, budella e lisca. Tritare la cipolla e farla soffriggere con un filo di olio d'oliva. Sfumare con l'aceto e spegnere. Mettere a bagno il pane in un po' di latte, strizzarlo poi frullarlo insieme ai filetti di sarde crude, la cipolla, i pinoli, l'uvetta, il prezzemolo tritato, sale e pepe. Se necessario aggiustare la densità dell'impasto aggiungendo un po' di pangrattato. Formare le polpette della grandezza di una noce, passarle nel pangrattato e friggerle in olio bollente finché non sono dorate. Trasferire su carta assorbente da cucina e servirle calde. Per circa 20 polpette.

focaccine al nero

10 g di lievito di birra fresco – 400 g di farina – 2 bustine di nero di seppia – olio extravergine d'oliva – sale

Sciogliere il lievito in 120 ml d'acqua tiepida, versarlo sulla farina, aggiungere 10 g di sale e il nero di seppia e impastare per 10 minuti, unendo se serve poca acqua, fino a ottenere un impasto morbido ed elastico. Coprire e lasciar lievitare fino al raddoppio. Dividere in 10 porzioni, formare le focaccine e schiacciarle con la mano. Lasciare lievitare per altri 30 minuti. Emulsionare 3 cucchiai di olio d'oliva, 3 cucchiai d'acqua e 10 g di sale e spennellare generosamente le focaccine. Infornare a 200 °C per 15 minuti. Una volta intiepidite, aprire le focaccine e guarnirle con lardo o con fettine di pesce affumicato. Per 10 focaccine.

focaccine al nero

polpette di sarde

Lo stoccafisso, anche se qui lo ribattezzano "baccalà", è uno dei grandi protagonisti della cucina veneziana e non solo (ci va matta anche mia suocera calabrese per dire). Per giocare un po', dimenticate le lunghe cotture e i piatti da forno pesantucci e provate a servirlo bollito accompagnandolo con una fresca insalata piena di cose croccanti (e tutte molto veneziane). Probabilmente non avreste mai pensato che lo stoccafisso potesse essere così sexy...

insalata di stoccafisso con carciofi, asparagi e melagrana

250 g di stoccafisso ammollato – 1 radicchio tardivo – 12 asparagi verdi – 2 carciofi teneri – 1 melagrana – 1 scalogno – olio extravergine d'oliva – 1 limone – sale e pepe

Far cuocere lo stoccafisso in acqua bollente per 20 minuti. Scolare, eliminare la pelle, tagliare la polpa a fettine e tenere da parte. Lavare il radicchio e distribuirne le foglie su 4 piatti. Pulire gli asparagi, sbollentarli per 1 minuto in acqua bollente, scolare e dividerli a metà per il lungo. Pulire i carciofi, affettarli sottilmente, condirli con olio, limone e sale. Infine preparare la vinaigrette: spremere mezza melagrana, aggiungere lo scalogno tritato finissimo, il succo di mezzo limone, sale, pepe, un generoso filo di olio d'oliva e mescolare bene. Completare i piatti con i carciofi, gli asparagi, lo stoccafisso e i semi della mezza melagrana avanzata. Condire con la vinaigrette di melagrana e servire. Per 4.

MOBILIFICIO

LATTERIA

Per provare l'ebbrezza della gondola senza dover accendere un mutuo, fatevi trasportare sul Canal Grande dalla gondola "traghetto", che per soli 50 centesimi vi porterà da Santa Sofia al mercato del pesce.

Visitai Venezia per la prima volta a vent'anni. Con la mia amica Cécile avevamo affittato un appartamentino in una piccola calle nella zona dietro piazza San Marco. Era gennaio e mai ho avuto freddo come in quei giorni. Uscivamo la mattina presto e nelle strade c'era solo nebbia. Ricordo come, camminando lungo i canali, la morsa del gelo attraversava gli strati di lana e piantava i canini affilati nelle ossa. Pochi rumori, gocce che scavavano la pietra, deboli onde che lambivano il fianco dei palazzi, qualche gabbiano, di tanto in tanto la sirena lontana dei vaporetti. Tutto era come silenziato da strati e strati di nebbia impalpabile, che qualche volta si aprivano lasciando intravedere un fazzoletto di cielo, mentre qui e là un pallido riflesso di sole cadeva sul Canal Grande. Era poco meno che magico. La città sembrava sterilizzata dal freddo, l'acqua un susseguirsi di specchi opachi dalle sfumature grigie e verdi, la gente poca. Ci avventurammo verso le isolette della Laguna, le trovammo vuote, indugiavamo fra le rovine di quindici secoli fa e a farci compagnia c'erano solo lunghe erbacce secche che si muovevano col vento. E qualche gatto nero.

In città, senza neanche dover alzare gli occhi, passando davanti all'hotel Danieli s'indovinava la sagoma di una giovane George Sand assorta nei suoi pensieri alla finestra, con lo sguardo volto verso la Giudecca. Avremmo potuto inciampare in un Marcel Proust bonario mentre passeggiava sugli Schiavoni e, sulla piccola barca a remi che in quel momento stava svoltando nel canaletto viaggiava, forse, un giovanissimo Casanova diretto verso il suo destino. Alla Dogana Vecchia aleggiavano ricordi di d'Ormesson e al ghetto qualche cupo e silenzioso personaggio di Elie Wiesel era seduto sotto gli olmi che meditava su se stesso e su noi… Tutto era possibile in quella Venezia, in quell'infinito gioco di sovrapposizioni tra storia e realtà che sfumavano nell'immaginario. O viceversa. Esattamente come i campanili che non si capiva se si fondessero nel grigio dell'acqua o nel grigio dell'aria. Una leggera, deliziosa e acquosa confusione dei sensi. La sera tornavamo a casa che faceva buio, spesso passando per le Zattere con la spesa della giornata. Si cucinava un primo semplice sui fornellini a gas nel minuscolo cucinotto di casa o si passava la sera in osteria, al caldo, a spiluccare piatti tipici. Non eravamo abituate a bere a cena, ma ci piaceva ordinare un mezzo litro di bianco da tenere sul tavolino di legno. Finiva sempre che rimaneva quasi intatto.

Andavamo a dormire presto e ci alzavamo poco dopo l'alba. Capitava che nella mia stanza s'insinuasse la pacata conversazione tra due passanti mattinieri che casualmente si fermavano a salutarsi e a scambiare notizie proprio sotto la mia finestra. In quei giorni scoprimmo il rito della colazione al bar in mezzo a folte schiere di signori anziani muniti di giornali rosa, poi fu la volta dei tramezzini e dello spritz, seguirono i radicchi e i carciofi piccoli e teneri, il baccalà battuto fino a diventare cremoso, la polenta bianca grigliata, i polipetti affogati e non ricordo quanti tipi di biscotti locali tempestati di frutta secca. Ogni cosa era nuova, ogni cosa aveva un sapore buono e ogni sapore si abbinava perfettamente alla Laguna fascinosa e appena salata, dalla storia carica di spezie e ricordi agrodolci.

Ancora adesso, la Venezia che più mi piace è quella invernale, quando uscire di casa è un'impresa da preparare con criterio, quando l'acqua alta è sempre in agguato e gli stivali di gomma dietro la porta, quando la sera ti puoi riscaldare con una semplice e grezza zuppa di montone affumicato o con un freddissimo spritz bevuto stando in piedi in uno dei bellissimi campi della città. Venezia rimane irrimediabilmente unica, singolare perché ciascuno, al mondo, può sognare e quindi vivere la Venezia che preferisce.

La prima volta che ho mangiato i fazzoletti al granchio è stato in una locanda a pochi passi dal Canal Grande, gremita di famiglie venute per il pranzo della domenica. Terminato il pasto, abbiamo sorpreso due camerieri che spolpavano qualcosa come cento granseole cotte in previsione della cena, una scena bellissima, epica quasi. Questi fazzoletti, specie con la pasta fatta in casa, sono un piatto stupendo e godurioso che concentra con infinita semplicità i sapori della Laguna. Io ci ho aggiunto un discretissimo quid di spezie, giusto per suggerire l'antica via delle spezie.

fazzoletti speziati al granchio

1 spicchio d'aglio – 1 cipollotto – 200 g di pomodorini maturi – una presa di cannella in polvere – una presa di chiodi di garofano macinati – una presa di noce moscata – peperoncino – 250 g di polpa di granchio cotta – 300 g di pasta fresca all'uovo (fatta in casa o non) – prezzemolo – olio extravergine d'oliva – sale

Schiacciare l'aglio in camicia e affettare sottilmente il cipollotto, far soffriggere entrambi in una capace padella con un generoso filo di olio d'oliva. Aggiungere i pomodorini tagliati in quarti, la cannella, i chiodi di garofano, la noce moscata e un po' di peperoncino, dare una buona mescolata e lasciar cuocere a fiamma bassa per una decina di minuti in modo che i pomodorini appassiscano per bene. Unire infine la polpa di granchio, mescolare e lasciare insaporire. Nel frattempo tagliare la sfoglia, se l'avete fatta in casa, a quadrati di circa 8 cm di lato, cuocerli in abbondante acqua salata, scolare e trasferire nella padella. Far saltare la pasta per qualche attimo a fiamma alta. Distribuire nei piatti e finire con un po' di prezzemolo tritato. Per 4.

Sono una crostaceo-dipendente, lo riconosco...

perciò ecco una versione "arricchita" di risi e bisi con l'aggiunta di scampetti grigliati, un lussurioso cucchiaio di mascarpone e un tocco di limone per infondere grinta al tutto. Inutile precisarlo, si passa davvero in un'altra dimensione. Indispensabili gli scampi freschissimi poiché in fondo il segreto di questo risotto sta semplicemente nel fumetto...

risotto con piselli, scampi grigliati e limone

16 scampi – 2 piccole cipolle – 1 carota – 1 costa di sedano – 30 g di burro – 250 g di riso Carnaroli – 1 bicchiere di vino bianco – 150 g di piselli – 2 cucchiai di parmigiano grattugiato – 1 cucchiaio di mascarpone – circa 10 foglioline di salvia – 1 limone non trattato – sale e pepe in grani

Preparare un brodo con le teste e le chele degli scampi (tenere le code da parte), 1 cipolla, la carota e il sedano. Coprire il tutto con 1 litro d'acqua, aggiungere 1 cucchiaino di sale e portare a ebollizione. Far cuocere 20 minuti e filtrare. Preparare il risotto: in una casseruola lasciar appassire la cipolla restante tritata con metà del burro. Aggiungere il riso e farlo tostare per 1 minuto, poi versare il vino, lasciare che evapori e infine portare il riso a cottura mescolando spesso e unendo un mestolino di brodo di scampi per volta man mano che il liquido si asciuga. Dopo 10 minuti dall'inizio di cottura del riso aggiungere i piselli. Una volta che il riso sarà cotto, mantecarlo con il parmigiano e il mascarpone e lasciar riposare per qualche minuto. Nel frattempo passare le code degli scampi, tagliate a metà e cosparse con salvia e il resto del burro a fiocchetti, sotto il grill del forno per 3 minuti. Distribuire il risotto nei piatti, aggiungere gli scampi grigliati e finire con un po' di scorza di limone grattugiata e pepe nero macinato al momento. Per 4.

RISOTTO TIPICO DI BURANO
BACCALÀ ALLA VENEZIANA

Soste golose: il mercato del pesce e Al Marcà a San Polo per un meritato spritz con micro panini post-spesa del sabato mattina; nel pomeriggio, anche se fa freddissimo, il gianduiotto rigorosamente con panna della gelateria Nico sulle Zattere.

Il radicchio è proprio un ingrediente sottovalutato.

Non è forse il prodotto più versatile che ci sia (anch'io fino all'altro giorno lo usavo per farci il risotto, altrimenti lo mettevo a grigliare sulla piastra e l'elenco degli impieghi finiva lì), ma se ci si fa caso, ha un sapore complesso e intrigante e una consistenza quasi carnosa. Sicché in fin dei conti funziona benissimo in un ruolo da protagonista, come in queste lasagne, che sono fra le mie preferite in assoluto, in cui il gusto dolce amaro viene generosamente ammorbidito dall'asiago. Un piatto semplice ed efficace, perfetto per le domeniche d'inverno.

lasagne con radicchio e asiago

500 g di radicchio di Chioggia – 1 cipolla – mezzo bicchiere di vino bianco – 30 g di burro – 2 cucchiai di farina – 500 ml di latte – noce moscata – 70 g di parmigiano grattugiato – 250 g di sfoglia di lasagna – 120 g di asiago Dop – olio extravergine d'oliva – sale e pepe

Eliminare la parte dura dei radicchi e affettarli. Soffriggere la cipolla affettata, aggiungere il radicchio, lasciar appassire, sfumare con il vino e cuocere piano per 10 minuti, quindi condire con sale e pepe. Preparare la besciamella: sciogliere il burro, aggiungere la farina, poi versare man mano il latte mescolando con la frusta, sul fuoco, fino a ottenere una salsa densa. Aggiungere sale, pepe, noce moscata e 50 g di parmigiano. Assemblare la lasagna in una pirofila alternando sfoglia, besciamella, radicchio e fettine di asiago. Spolverare con il parmigiano rimasto e infornare a 200 °C per 30 minuti. Per 4.

È un po' la collisione frontale fra l'antica torta Nicolotta
– un dolce povero creato proprio a Venezia, si suppone, per mettere a profitto gli avanzi di pane – e il più famoso Bellini, elegante cocktail che mescola prosecco e succo di pesche bianche, nato nel dopoguerra nel mitico Harry's Bar. Due preparazioni diametralmente opposte quindi, l'una povera l'altra ricca, l'una grezza e popolana l'altra raffinata e costosa. Il risultato è un dolce affascinante, insieme mesto e ricercato, morbido e pungente, coccoloso e fresco, infantile e alcolico…

torta di pane e pesche bellini

350 g di pane raffermo – 600 ml di latte – 3 uova – 100 g di zucchero – 50 g di farina – 40 g di burro – 2 cucchiaini di semi di finocchio – una presa di sale – 4 pesche (preferibilmente) bianche – 2 cucchiai di zucchero di canna – 300 ml di prosecco

Tagliare il pane a cubetti e metterlo ad ammollare nel latte caldo per un paio di ore. Aggiungere le uova, lo zucchero, la farina, 20 g di burro fuso, i semi di finocchio e il sale, poi mescolare bene in modo da ottenere un composto omogeneo. Versare l'impasto in una tortiera di 24 cm di diametro imburrata e cuocere in forno già caldo a 200 °C per 45 minuti circa o finché la superficie della torta non diventa ben dorata. Lavare le pesche e tagliare ognuna in 8 spicchi senza sbucciarle. Sciogliere una noce di burro in una padella antiaderente, aggiungere le pesche, farle saltare per 1 minuto, poi unire lo zucchero e quando saranno leggermente caramellate toglierle dalla padella. Versare il prosecco sul fondo di cottura e lasciar evaporare a fiamma alta per alcuni minuti, fino a ottenere una consistenza sciropposa. Servire la torta tiepida insieme alle pesche caramellate e un generoso filo di sciroppo di prosecco. Per 8.

Due dessert di quelli confortanti che starebbero bene
in una trattoria dimenticata in fondo a una calle buia in un giorno di pioggia ghiacciata: un crumble caldo che nasconde, sotto un *topping* croccante e un po' grezzo a mo' di sbrisolona, la polpa morbida della zucca e della mela, e una variante scura dei biscotti più tipici di Venezia, da accompagnare con un quasi tiramisù, ma da bere.

baicoli mori di venezia

15 g di lievito di birra fresco – 220 ml di latte – 360 g di farina – 50 g di zucchero – 40 g di cacao amaro – 1 cucchiaino di cannella in polvere – una presa di sale – 70 g di burro fuso – 1 albume leggermente sbattuto. PER IL BUTTAMIGIÙ: 4 tuorli – 4 cucchiai di zucchero – 4 cucchiai di liquore amaretto – 600 ml di latte – 4 cucchiai di mascarpone

In una terrina sciogliere il lievito in 50 ml di latte, quindi mescolare con 70 g di farina e lasciar lievitare per 30 minuti. Versare la farina restante, lo zucchero, il cacao, la cannella, il sale, il burro e l'albume. Impastare per 10 minuti, aggiungendo via via il resto del latte. Dividere l'impasto in 4 e formare 4 salsicce lunghe 30 cm. Lasciar lievitare per 1 ora e mezza, poi infornare a 180 °C per 10 minuti. Sfornare, far riposare per 2 giorni, affettare e mettere a tostare i biscotti ottenuti a 170 °C per 10 minuti. Conservare in una scatola e servirli con il buttamigiù. Per circa 100 baicoli.

PER IL BUTTAMIGIÙ: sbattere i tuorli con lo zucchero e l'amaretto. Aggiungere, mescolando, il latte bollente e il mascarpone. Sbattere energicamente, versare nei bicchierini e bere subito. Per 4.

crumble di zucca

PER IL CRUMBLE: 50 g di farina 00 – 50 g di farina di mais – 30 g di farina di mandorle – 40 g di zucchero di canna – una presa di sale – 50 g di burro – 1 cucchiaio di pinoli. PER IL RIPIENO: 200 g di polpa di zucca – 2 mele renette – 1 cucchiaino di cannella in polvere – il succo di mezzo limone – 2 cucchiai di zucchero di canna.

PER IL CRUMBLE: mescolare insieme la farina 00, la farina di mais, quella di mandorle e lo zucchero, aggiungere il sale e infine il burro freddo, tagliato a cubettini. Sbriciolare il tutto con la punta delle dita in modo da ottenere dei grumetti. Tenere da parte al fresco.

PER IL RIPIENO: tagliare a cubetti la polpa di zucca e le mele sbucciate poi versarle in una ciotola. Aggiungere la cannella, il succo di limone e lo zucchero di canna e mescolare bene. Suddividere i cubetti in 4 pirofile individuali. Aggiungere il crumble, qualche pinolo e infornare a 180 °C per 40 minuti. Servire tiepido. Per 4.

baicoli mori di venezia

crumble di zucca

buttamigiù

profumo di langa

Le Langhe sono forse – almeno per me – il più gustoso dei territori italiani. Lì si sprigionano con grande nonchalance alcuni degli aromi, profumi e sapori più incredibili che io conosca: tartufo bianco, barolo e nocciola "tonda gentile" in primo luogo. Poi ci sono carni e salumi stupendi, verdure di un buono strepitoso e, soprattutto, ricette che nella loro semplicità sfiorano il sublime (almeno una volta nella vita bisogna assaggiare gli agnolotti al plin sul fazzoletto). Tutto questo in uno scenario di folgorante bellezza e di tale intrinseca naturalità che non manca mai di sconvolgere e disarmare una cittadina come me.

Lambretta
TO 8
8931

Ecco due antipastini che al primo sguardo potrebbero anche non sembrare affatto piemontesi. Eppure la bagna cauda proposta a strati non è un'invenzione mia ma una genialata del ristorante Casa Vicina (si trova all'interno di Eataly a Torino) e trovo sia davvero una lettura bella, divertente e contemporanea di un grande classico. Anche le piccole quiche racchiudono sapori molto territoriali, in una versione diciamo da asporto perfetta per gite, schiscette e picnic.

bagna cauda multicolor

1 piccolo cavolfiore – 1 peperone giallo – 1 peperone rosso – 4 carote – 3 rape rosse precotte – 2-3 patate – 4 spicchi d'aglio – 1 bicchiere di latte – 10 acciughe sott'olio – 200 ml di olio extravergine d'oliva

Sbucciare e tagliare le verdure, metterle a bollire separatamente, ognuna con mezza patata sbucciata (circa 50 g). Quando saranno morbide, frullarle con poca acqua di cottura, in modo da ottenere 5 creme piuttosto dense. Sbucciare gli spicchi d'aglio e farli bollire per 10 minuti nel latte. Scolarli, schiacciarli con una forchetta e sistemarli in un pentolino insieme alle acciughe e all'olio. Far cuocere il tutto a fuoco dolce per 10 minuti.

Versare a strati le creme di verdure in 6 bicchieri individuali e accompagnare con la salsa di aglio e acciughe servita a parte, in modo che ognuno possa dosarla a piacere. Per 6.

quiche porro e salsiccia

2 porri – 200 ml di panna fresca – 2 uova – pasta quiche – 2 salsicce (tipo Bra) – 40 g di formaggio Castelmagno – olio extravergine d'oliva – sale e pepe. PER LA PASTA QUICHE: 200 g di farina – 5 g di sale – 90 g di burro – 1 uovo

Lavare i porri, tagliarli a fettine e farli dorare in padella su entrambi i lati con un filo d'olio d'oliva. Sbattere la panna con le uova, sale e pepe. Rivestire 8 stampini individuali da crostatina con la pasta quiche stesa a 2 mm di spessore, disporre in ognuno un po' di fettine di porro e alcuni pezzettini di salsiccia cruda e completare con il composto di panna e uova. Volendo si può utilizzare uno stampo singolo di 24 cm di diametro. Aggiungere infine il formaggio grattugiato e infornare a 180 °C per 30 minuti o finché le quiche non sono dorate.

PER LA PASTA QUICHE: frullare la farina e il sale insieme al burro freddo. Aggiungere l'uovo poi 20 ml di acqua, formare una palla e lasciarla riposare al fresco per 1 ora. Per 8 quiche.

quiche porro e salsiccia

bagna cauda multicolor

È un peccato che il topinambour si sia meritato, non si sa bene perché, una reputazione di ingrediente snob. In fondo è una radice come lo sono le carote o le patate dolci. Anche il topinambour è dolciastro, oltre a ricordare, morbidamente, il carciofo, e a volte persino la nocciola. In poche parole, se non l'avete mai assaggiato, non posso che invitarvi a farlo. La crema di prezzemolo, che richiama un po' il bagnet verde e un po' la bagna cauda, è perfetta per dare un tocco di vivacità a una zuppa che di suo è morbida e conciliante. Il solito caso degli opposti che si attraggono? La prova nella ciotola...

zuppa di topinambour con crema di prezzemolo

1 scalogno – 400 g di topinambour – 1 patata – brodo vegetale – 1 mazzetto di prezzemolo – 2 acciughe – mezzo spicchio d'aglio – 1 cucchiaio di capperi dissalati – 2 cucchiai di mascarpone – olio extravergine d'oliva – sale

Tritare lo scalogno e farlo rinvenire con un filo d'olio in una casseruola. Aggiungere i topinambour e la patata, sbucciati e tagliati a pezzi, far insaporire e coprire a filo con il brodo. Lasciar cuocere per 20 minuti. Nel frattempo frullare il prezzemolo con le acciughe, l'aglio, i capperi, 4 cucchiai d'acqua e un generoso filo di olio d'oliva fino a ottenere una crema non troppo densa. Tenere da parte. Quando le radici saranno tenere frullarle con il brodo, mantecare con il mascarpone e aggiustare di sale. Servire la zuppa con la crema di prezzemolo a parte, lasciando che ciascuno la aggiunga a piacere. Per 4.

*Un giorno d'autunno visitai,
raffreddatissima, l'azienda vinicola
del mitico Piercarlo Sperone (qui nella foto).
Mi offrì una tazza di vino caldo in cui
galleggiavano una stecca di cannella,
dell'anice stellato e qualche altra spezia.
L'orario si addiceva, semmai,
al cappuccino, eppure, a parte non aver
mai riso tanto di gusto quanto
quella mattina, che il vin brulé
abbia davvero degli effetti benefici
sui soggetti raffreddati...*

Devo confessare che per molto tempo ho creduto che i tajarin si potessero cucinare solo con il tartufo e il sugo del brasato, ed erano sublimi. Poi un giorno, curiosando nel mercato di Canelli mi sono lasciata attrarre dalle montagnole colorate di peperoni presenti su quasi ogni banco. Ne comprai un po' e ci ho cucinato, senza pensarci troppo, i tajarin. Il risultato fu davvero notevole, e non certo per merito mio ma per la bontà dei singoli ingredienti. Nell'ultima versione ho aggiunto un pesto di ortiche, perché nella sua semplicità (c'è qualcosa di più bello e naturale che uscire in giardino o nei campi e strappare qualche erba da cucinare?) mi ricorda le umili origini della cucina di questo territorio.

tajarin con peperoni e pesto di ortiche

1 peperone rosso – 1 peperone giallo – 1 mazzetto di ortiche – 2 cucchiai di pinoli – mezzo spicchio d'aglio – 20 g di parmigiano – 300 g di tajarin – olio extravergine d'oliva – sale grosso

Lavare i peperoni, eliminare i semi e tagliarli a dadini, poi farli rinvenire per 5 minuti in padella insieme a un filo d'olio, in modo che siano cotti ma ancora un pochino croccanti. Lavare le ortiche, asciugarle poi frullare le foglioline insieme ai pinoli precedentemente tostati in una padella antiaderente senza grassi, una presa di sale grosso, mezzo spicchio d'aglio e il parmigiano. Unire quindi circa 150 ml di olio, in modo da ottenere un pesto piuttosto lento. Infine, cuocere i tajarin in acqua bollente salata, scolarli e farli saltare in padella insieme ai peperoni. Togliere dal fuoco, aggiungere 4 cucchiai di pesto di ortiche e mescolare bene. Servire subito. Per 4.

Da cittadina e nostalgica dell'orto della casa della mia infanzia, devo ammettere che il primo impatto con le Langhe è stato come entrare di colpo in paradiso: nel percorrere le stradine di campagna tutte curve, passando per Barolo e una pleiade di piccoli comuni vinicoli, tutto quel verde, tutta quella natura rigogliosa e insieme ordinata, pulita e civile semplicemente non mi sembravano veri. La stessa sensazione mi pervase la prima volta in cui presi il trenino locale: la composta dignità delle stazioncine minuscole, i dettagli veracemente vintage (che poi altro non sono che la presenza del passato nel presente), la cura che traspariva in ogni singola cosa. E poi l'incredibile Monviso sullo sfondo, il pacato mormorio dei fiumi, gli speroni rocciosi del Roero e i colori dell'autunno, i mercati dei paesini, le pulci della domenica mattina a Fossano, la dimensione umana ritrovata e, sopra ogni cosa, la qualità del tempo che qui si tramuta in una sensazione di pace avvolgente. Tutto nelle Langhe mi appare idilliaco e genuino, viaggiarci ha su di me un effetto balsamico e mi fa dimenticare l'asfalto, lo smog, i gazometri e il traffico isterico delle grandi città asmatiche.

Che poi le Langhe siano anche un concentrato unico di sapori è quasi inutile ribadirlo: tartufo bianco, nocciole e nebbiolo sono solo la punta di un iceberg composto da tanti altri prodotti, dal peperone quadrato d'Asti al salame cotto, passando per la salsiccia di Bra; tutti rasentano, nella loro schietta e insieme poetica espressione territoriale, la perfezione. Ma forse quello che le Langhe hanno di incredibile è una tradizione culinaria fatta di gesti semplici e soprattutto giusti, basti pensare a come si pinzano delicatamente gli agnolotti al plin, a come le mani di certe signore esperte sbrogliano le matasse di tajarin freschi, a come rovesciano con finta noncuranza una panna cotta... Sicché non c'è volta, passando fra Fossano e Bra, senza che io finisca davanti a un piatto di tajarin, o a inebriarmi, beata, del profumo di un tartufo bianco d'Alba generosamente grattugiato su un uovo al tegamino, oppure a commuovermi per un piatto di agnolotti al sugo d'arrosto o una porzione di finanziera (che sarebbe un'antica preparazione piemontese con tanto di creste di gallo e altri ingredienti "esotici"). A dirla tutta, non ho ancora trovato nelle Langhe un piatto che non fosse inverosimilmente buono.

E poi ci sono loro, le persone, elemento imprescindibile dalla bontà dei cibi langaroli, anzi probabilmente premessa necessaria. Risalendo indietro nella memoria per fermare il momento preciso in cui ho "incontrato" questo territorio, mi accorgo che si è trattato di un momento del tutto emblematico: mi trovavo in Sicilia, a Salina, nell'azienda di un amico produttore di vino in una tarda mattinata d'inverno. Saltò fuori un salame crudo (di Beppe Dho, il migliore!) e a ruota una bottiglia di malvasia e un pane al sesamo. Fu uno degli "aperitivi" più felici della mia vita. Quello stesso spirito, di condivisione amichevole e pacata, di generoso stare insieme, l'ho sempre ritrovato nelle Langhe, che fosse alla Trattoria Roma (se passate da Castelletto Stura, andateci!!), dai fantastici fratelli Alciati al ristorante Guido a Pollenzo (il mio preferito in assoluto), oppure nel *ciabòt* (la tipica casetta di campagna) dell'amico Davide Dutto dove d'estate un esercito di conoscenti si attavolava fra le erbe alte. Davide faceva la spola fra la griglia e i commensali, versava vino, affettava salumi, rideva di gusto e strappava en passant dei fiorellini di lavanda dai cespugli irsuti per condirci le sue inimitabili bistecche (de La Granda). Semplicemente in Langa c'è sempre qualcuno che ti porge, condividendola con complicità e benevolenza, una cosa buona da assaggiare. Come se alla pacatezza dei toni e dei modi e alla sobria perfezione della natura corrispondesse, necessariamente, un'infinita generosità di cuore.

Un giorno che erano entrati in mio possesso ben due piccoli e profumatissimi tartufi bianchi mi è venuto in mente questo piatto... Un ovvio richiamo alla pasta all'uovo, e alle uova tout court che si accostano così bene al tartufo, e una strizzatina d'occhio alla città in cui vivo (anche se con ogni probabilità i romani veraci di fronte a una proposta del genere mi manderebbero a quel paese). Nell'insieme però, per me, un abbinamento vincente: la cremina di tuorli vela appena gli spaghetti ed è una perfetta cornice per il tubero più delizioso che ci sia.

carbonara al tartufo bianco

180 g di spaghetti alla chitarra – 4 fettine di lonza di maiale – 2 tuorli freschissimi – 1 cucchiaio di parmigiano grattugiato – 1 cucchiaino di pecorino romano grattugiato – pepe nero in grani – tartufo bianco di Alba – sale

Cuocere gli spaghetti alla chitarra in acqua bollente salata. Tagliare le fettine di lonza a listarelle sottili e farle rinvenire in una padella antiaderente senza grassi finché non diventano croccanti, poi trasferire su carta da cucina e tenere da parte. Nel frattempo sbattere i tuorli con i formaggi grattugiati, aggiungere una macinata di pepe nero e un mestolino di acqua di cottura della pasta e mescolare bene il tutto. Scolare la pasta al dente, versarla nella ciotola con il composto di tuorli, aggiungere la lonza croccante e mescolare energicamente il tutto. Aggiustare di sale, distribuire nei piatti e completare con il tartufo bianco a piacere. Per 2.

Chi ama gli stufati, e forse più degli stufati stessi
la casseruola di ghisa che gentilmente sobbolle diffondendo a lungo per casa profumini
invitanti, il brasato al barolo è semplicemente un must, la sintesi perfetta di un territorio
in cui la carne è squisita e il vino persino migliore. Qui però mi piaceva abbinare
ai piaceri antichi della stufa e dell'attesa un qualcosa di più "moderno"
ed ecco quindi un brasato in versione take away, o prêt-à-manger, uno snack giocoso
perfetto per picnic gourmet o semplicemente per riciclare gli avanzi.

fagottini ripieni di brasato al barolo

800 g di carne magra di manzo – 750 ml di barolo – 2 carote – 2 cipolle – 1 foglia di alloro – aglio – prezzemolo – 200 g di farina + un po' per la carne – 100 g di burro – 1 uovo – latte – olio extravergine d'oliva – sale e pepe

Mettere la carne a marinare per una notte con il vino, 1 carota, 1 cipolla, l'alloro, sale e pepe. Scolare e asciugare con carta assorbente. In una pentola preferibilmente di ghisa o di terracotta far soffriggere un trito di carota, cipolla, aglio e prezzemolo, aggiungere la carne infarinata e farla rosolare su tutti i lati. Versare il vino della marinata, coprire e lasciar cuocere a fuoco bassissimo per 4 ore. Trascorso questo tempo, affettare la carne e servirla con la salsa al barolo, tenendo da parte circa 150 g di brasato per fare i fagottini, tagliato a dadini e condito con un paio di cucchiai di salsa.

PER I FAGOTTINI: preparare la pasta frullando la farina, il burro, una presa di sale e 1 o 2 cucchiai di acqua fredda. Formare una palla, avvolgerla nella pellicola e tenere al fresco per 1 ora. Stendere poi la pasta a 2 mm di spessore, ritagliare dei dischi, farcirli con 1 cucchiaio abbondante di dadini di brasato e spennellare i bordi con un po' d'acqua; infine ripiegare la pasta su se stessa sigillando i bordi con i rebbi di una forchetta e spennellare ogni fagottino con del tuorlo sbattuto con poco latte. Disporre su una teglia rivestita con carta da forno, infornare a 180 °C per 30 minuti e servire tiepidi. Per 6 fagottini.

Barolo
controllata e garantita
1985
№ 557
di n. 1.012

AGLIO
NOSTRANO
PROFUMO DI LANGA
€ 5,00 Kg.

SQUISIT
PANE DI CIOCCOLATO
dal 1881
SPECIALITÀ CHERASCHESE
Premiata Confetteria

Soste golose: il relais dei Poderi Einaudi a Dogliani per svegliarsi in un sogno; la pasticceria Barbero a Cherasco per i baci al cioccolato e la deliziosa boutique retrò; il ristorante Guido a Pollenzo per gli agnolotti e il tartufo bianco d'Alba…

A casa mia, il coniglio era un piatto della domenica
e veniva cucinato rigorosamente in umido, con la birra, fino a sfaldarsi o quasi, e poi servito con un soffice purè di mele. È in Italia che ho imparato che questa carne si presta anche a piatti dal sapore più deciso, oltre al fatto che basta disossarla per farne dei deliziosi arrosti. È proprio il mio piatto da "pranzo della domenica con gli amici", ma può benissimo anche essere personalizzato con un ripieno realizzato a seconda dell'ispirazione del momento.

rolatina di coniglio ripieno di funghi porcini e nocciole

1 coniglio, incluse le frattaglie – 1 porro – 20 g di funghi porcini secchi – 30 g di nocciole tostate – 1 spicchio d'aglio – salvia e rosmarino – burro – 1 bicchiere di vino bianco – sale e pepe

Disossare il coniglio (o farlo disossare dal macellaio se è un'operazione che non vi sentite di compiere) e disporlo su un foglio di carta da cucina in modo da ottenere un "rettangolo" di carne da farcire. Salare e pepare la carne. Affettare sottilmente la parte bianca del porro, mettere i funghi secchi in ammollo, tritare finemente le nocciole e ridurre a pezzettini le frattaglie del coniglio. Scaldare una noce di burro, aggiungere l'aglio e il porro. Quando il porro sarà appassito, unire le frattaglie tritate, i funghi strizzati e sminuzzati e far rosolare. Insaporire con sale, pepe, poca salvia e rosmarino tritati fini. Aggiungere infine le nocciole e togliere dal fuoco. Spalmare questo composto sulla carne di coniglio e arrotolare il tutto nel senso della lunghezza, stringendo bene il rotolo e legando l'arrosto con spago da cucina. In una padella capiente, sciogliere 2 cucchiai di burro e rosolare l'arrosto fino a quando tutti i lati diventano leggermente dorati. Trasferire in una teglia da forno, aggiungere un bicchiere di vino bianco e infornare a 190 °C per 30 minuti. A cottura ultimata, lasciar riposare per 5 minuti, eliminare lo spago e tagliare a fette di 1 cm di spessore. Servire, se volete, con una polenta mantecata con della fontina. Per 4.

Il profumo delle nocciole è inseparabile dalle Langhe.

Ricordo di aver passato un'ora a fare foto nel laboratorio Barbero, a Cherasco, fra nocciole tostate e cioccolato fuso, mentre si preparavano i famosi baci, e uscire da lì barcollando, ubriaca di tutti quei profumi intensi e avvolgenti che venivano mescolati ed espansi in continuazione. E siccome ero stata ormai posseduta da quei due profumi, emblematici per davvero, ho dovuto cucinarci qualcosa. Questa è la mia torta nocciole e cioccolato preferita, densa e sostanziosa quanto goduriosa. Attenzione, da consumare con moderazione...

la mia torta gianduia

250 g di nocciole tostate – 250 g di cioccolato fondente al 70% – 150 g di burro – 5 uova – 250 g di zucchero – 1 cucchiaio di cacao in polvere – una presa di sale

Tritare le nocciole finemente con il mixer fino a ridurle in una farina non troppo granulosa. Sciogliere a bagnomaria il cioccolato insieme al burro. Con la frusta, lavorare le uova insieme allo zucchero fino a ottenere un composto spumoso. Incorporare il cioccolato fuso insieme al burro, mescolare, poi aggiungere la farina di nocciole, il cacao e il sale. Mescolare in modo da avere un composto omogeneo, poi versare in uno stampo imburrato di 22-24 cm di diametro e infornare in forno preriscaldato a 170 °C per 50 minuti. Sfornare e lasciar raffreddare completamente prima di togliere dallo stampo. Servire la torta da sola o accompagnata da gelato alla vaniglia. Per 12.

E per concludere due proposte dolci:

delle tortine che strizzano vagamente l'occhio alla tarte tatin, nonché un'idea per riciclare gli avanzi delle pere al barolo (anche se a casa mia non avanzano mai) e, per il caffè, delle meringhette per ricordare quelle, mitiche, farcite di panna montata, servite a fine cena da Guido a Pollenzo. Non potevo certo chiudere questo capitolo senza lasciare sul vostro tavolo un paio di nuvolette alla panna da sgranocchiare, morbide e insieme croccanti...

meringhe con la panna al cioccolato bianco

100 g di albumi (circa 3) – una presa di sale – 200 g di zucchero a velo – 140 g di cioccolato bianco – 290 ml di panna fresca

Preparare le meringhe, montando a neve gli albumi con il sale e metà dello zucchero. Quando gli albumi saranno ben fermi, incorporare delicatamente l'altra metà dello zucchero con una spatola. Trasferire il composto in un sac à poche, formare le meringhe e infornarle a 85 °C per 2 ore, poi lasciarle raffreddare in forno.

PER LA PANNA AL CIOCCOLATO: spezzettare il cioccolato, versarci 70 ml di panna caldissima, lasciar riposare qualche minuto poi mescolare finché il cioccolato non è sciolto. Aggiungere i 220 g di panna fredda restanti, mescolare bene e tenere il tutto al fresco per un paio di ore. Dopo questo tempo, montare la panna come una normalissima panna. Infine, trasferire la panna in un sac à poche, assemblare le meringhette e tenerle al fresco fino al momento di servire. Per una ventina di meringhe.

tortine nocciola e pere al barolo

50 g di nocciole tostate – 95 g di burro morbido – 30 ml di olio di nocciole – 125 g di zucchero – 2 uova – 1 cucchiaino di estratto naturale di vaniglia – 2 cucchiai di latte – 75 g di farina – 1 presa di sale – 1 cucchiaino di lievito in polvere per dolci – pere al barolo

Frullare le nocciole in modo da ottenere una farina. Montare il burro insieme all'olio e allo zucchero. Aggiungere le uova, l'estratto di vaniglia e il latte. Unire infine la farina, la farina di nocciole, il sale e il lievito e mescolare. Tagliare a fettine 2 pere al barolo. Disporle sul fondo di 6 stampini da tortino, poi completare con l'impasto. Infornare a 180 °C per 35 minuti, lasciar intiepidire, poi rovesciare e servire con lo sciroppo al barolo.

PER LE PERE AL BAROLO: sbucciare 6 pere, riunirle in una casseruola, aggiungere 1 stecca di cannella e 4 chiodi di garofano, 100 g di zucchero e 500 ml di barolo. Cuocere per 30 minuti e lasciar raffreddare completamente. Togliere le pere dal liquido, riportarlo a ebollizione e lasciare che si restringa fino a ottenere la consistenza di uno sciroppo piuttosto denso.

meringhe con la panna al cioccolato bianco

tortine nocciola e pere al barolo

sul lago

Niente è più gustoso dello scoprire che i luoghi non sono esattamente quello che credevi e io nel mio immaginario avevo accomunato un po' troppo velocemente il lago Maggiore agli altri laghi del Nord Italia, soleggiati, dediti al dolce far niente sulle loro acque cullanti. E invece...

Di passaggio a Verbania, alcuni amici mi portarono a pranzo alla Casera, una fantastica gastronomia dove pranzammo con birra, formaggi e salumi, tutti locali. Insieme ai formaggi – superlativi – ci fu servito un pane denso di noci e uvetta che, abbinato alla toma e al caprino, ci piacque talmente da indurmi a provare una versione mia, quando tornai a casa. Eccola qui, ottima appunto con i formaggi, ma deliziosa anche tale e quale, a colazione.

pane di segale, noci e uvetta

25 g di lievito di birra fresco – 250 g di farina di segale integrale – 250 g di farina 00 – 1 cucchiaio di olio extravergine d'oliva – 10 g di sale – 100 g di gherigli di noce – 100 g di uvetta

Sciogliere il lievito in 150 ml di acqua tiepida, versare sulle farine mescolate, aggiungere l'olio e il sale e impastare, unendo man mano altri 150 ml circa d'acqua, finché non si ottiene un impasto liscio, elastico e non troppo colloso. Coprire con la pellicola e lasciar lievitare per 30 minuti. Riprendere l'impasto, impastarlo di nuovo velocemente, quindi schiacciarlo un po' con le mani e premerci dentro le noci spezzettate e l'uvetta precedentemente messa in ammollo. Lavorare ancora in modo da incorporare bene la frutta secca, poi formare una palla e lasciarla lievitare, coperta, per 1 ora e mezza. Trascorso questo tempo, formare 2 filoncini, sistemarli su una placca da forno, coprire e far lievitare per altri 30 minuti. Infornare a 190 °C per 25 minuti o finché i pani non sono cotti. Per 2 filoncini.

Io adoro le trote. E non è tanto complicato capire perché:
per tutta l'infanzia, in Lussemburgo, ho osservato mio padre che se ne stava, munito di stivali inguinali, in mezzo ai fiumiciattoli persi nei boschi, frustando l'aria con la lenza per ore e ore, aspettando pazientemente che qualche trota abboccasse. E siccome di trote nelle acque del Lussemburgo ce ne sono un bel po', il menu serale era abbastanza monotematico... In ogni caso, il sapore boscaiolo delle trote è una delizia, fatevelo dire.

terrina di trota, prosciutto e nocciole

1 scalogno – 2 trote già pulite – 50 g di pane – latte – 3 uova – 100 g di ricotta vaccina – 4 fette di prosciutto crudo – circa 10 rametti di prezzemolo – 1 limone non trattato – olio extravergine d'oliva – sale e pepe

Tritare lo scalogno e farlo rinvenire in padella con un filo d'olio. Sfilettare le trote ed eliminare la pelle. Bagnare il pane nel latte e strizzarlo. Frullare la polpa delle trote con lo scalogno appassito, il pane, le uova e la ricotta. Tagliare al coltello il prosciutto a listarelle, tritare il prezzemolo, grattugiare 1 cucchiaio di scorza di limone e incorporare il tutto al composto, aggiustando di sale e pepe.

Ungere con poco olio una terrina resistente al calore, riempirla con il composto, livellare, poi sistemarla in una teglia da forno più grande, versarci due dita di acqua bollente e infornare a 180 °C per 30 minuti. Lasciar raffreddare completamente e tenere 2 ore al fresco prima di servire. Accompagnare la terrina affettata con del pane grigliato. Per 4.

Soste golose: La Casera a Verbania per pranzare con formaggi e salumi, il gelato del bar Aurora a Gravellona Toce, le deliziose margheritine della pasticceria Pompa a Stresa. Per dormire, l'hotel Piccolo Lago sul lago di Mergozzo. Infine, se capitate a Verbania a inizio luglio, non perdetevi il festival LetterAltura.

LA FELICITA'
E' DENTRO
DI NOI
QUELLO CHE
C'E' FUORI
CONTA POCO!
"LA CASERA"

FORMAGGI VERBANIA

AMARETTI
€4.80
BRUTTI
E
BUONI
€4.80

Pur essendo un ingrediente che non mi appartiene (sono belga, vivo a Roma con un calabrese...), la polenta e tutti quei ricchi intingoli calorici e invernali che solitamente l'accompagnano mi piacciono molto. Sarà perché vengo dai paesi del Nord, dove non si disdegnano le preparazioni burrose e il potente profumo del formaggio di montagna, sarà perché a casa dei miei non passava inverno senza che si cucinassero fondute e *tartiflette*, insomma, per me la polenta se condita con un bel po' di formaggio d'alpeggio è ancora meglio!

charlotte di polenta ripiena di porcini e fontina

50 g di pancetta affumicata – 2 spicchi d'aglio – una manciata di prezzemolo – 300 g di funghi porcini – 100 ml di vino bianco – 150 g di fontina – 500 g di polenta cotta – 40 g di burro – sale e pepe

Tritare la pancetta, l'aglio e il prezzemolo e farli rosolare con 20 g di burro. Dopo un paio di minuti, aggiungere i funghi tagliati a fettine e proseguire la cottura per 5-7 minuti. Sfumare con il vino e lasciar cuocere finché il liquido non si riduce. Condire con sale e pepe e tenere da parte. Tagliare il formaggio a dadini. Imburrare 4 stampini della capienza di 250 ml e rivestirli con uno strato di polenta tiepida. Aggiungere un paio di dadini di formaggio, un cucchiaio di porcini, uno strato di polenta, poi di nuovo fontina e porcini. Chiudere con altra polenta. Procedere allo stesso modo con gli altri stampini. Infornare a 180 °C per 25 minuti. Lasciar intiepidire e sformare sui piatti. Per 4.

Importantissimo chiarimento: il pesce persico è una specie che è di casa nei laghi italiani. Quindi, se volete cucinare queste ricette, cercate un persico di lago italiano e non cedete alla facile tentazione di acquistarne uno della Tanzania che dilaga in tutti i supermercati, a prezzi convenientissimi. Oltre al fatto che il pesce non è qualcosa che deve fare lunghi viaggi, quello pescato vicino a voi possiede anche un sapore indicibilmente migliore!

risotto al prezzemolo con spiedini di persico

circa 500 g di filetto di pesce persico – 1 uovo – pangrattato – 5 foglioline di salvia – 1 cipolla – 250 g di riso Carnaroli – 150 ml di vino bianco – brodo vegetale – una manciata abbondante di prezzemolo – 80 g di burro – sale

PER GLI SPIEDINI: tagliare la polpa del pesce a cubetti, passarli prima nell'uovo sbattuto poi nel pangrattato e infilarli sugli spiedini. In un tegame, sciogliere metà del burro insieme alle foglie di salvia e rosolare gli spiedini su tutti i lati fino a quando non sono dorati.

PER IL RISOTTO: far appassire nel burro rimanente la cipolla tritata, aggiungere e tostare il riso, sfumare con il vino poi portare a cottura unendo via via il brodo caldo. A fine cottura, aggiungere il prezzemolo tritato, i ritagli avanzati del pesce sminuzzati e aggiustare di sale. Lasciar mantecare per qualche minuto poi suddividere nei piatti e completare con gli spiedini. Per 4.

saltimbocca di persico con prosciutto e salvia

600 g di filetto di pesce persico – farina – 4 fette di prosciutto crudo – 8 foglie di salvia – 30 g di burro – 150 ml di vino bianco – mezzo limone non trattato – sale e pepe

Avvolgere il filetto di persico con la pellicola e, servendosi di un batticarne, assottigliarlo a uno spessore di circa 3 mm. Tagliare il filetto in 8 porzioni, infarinarle e appoggiare su ogni porzione mezza fetta di prosciutto e una foglia di salvia. Fissare il tutto con uno stuzzicadenti. Far spumeggiare il burro in una padella capiente, disporre i saltimbocca in uno strato unico e cuocerli su entrambi i lati. Versare il vino, lasciarlo evaporare, quindi salare, pepare e aggiungere una grattata di scorza di limone. Servire caldissimi, accompagnando con purè di patate all'olio d'oliva. Per 4.

risotto al prezzemolo con spiedini di persico

saltimbocca di persico con prosciutto e salvia

Leggendo ricette di cucina locale mi sono imbattuta diverse volte in questo piatto che è una specialità della val d'Ossola. E devo dire che la pasta d'altura mi fa proprio tenerezza, un po' perché mi ricorda la pasta e patate del Nord, un po' perché assomiglia molto a certe paste che preparavamo all'università (come la carbonara con pancetta, panna ed emmenthal). Perché in fondo ognuno cucina (la pasta) con gli ingredienti a sua disposizione e secondo una palette di sapori del tutto personale. In ogni caso, alla faccia della pasta condita alla mediterranea, una bella ciotola di questa in una sera di gran freddo migliora proprio l'umore.

la pasta all'ossolana (cipolla, pancetta e toma)

4 patate – 300 g di pasta corta integrale – 1 piccola cipolla – 40 g di burro – 80 g di pancetta affumicata – 1 cucchiaino scarso di semi di cumino – 1 cucchiaino scarso di semi di coriandolo – 200 g di toma piemontese – sale – pepe nero in grani

Sbucciare le patate e tagliarle a dadini. Portare a ebollizione un pentolone d'acqua leggermente salata, aggiungere le patate, cuocerle per 5 minuti, poi unire la pasta. Tritare la cipolla e farla rinvenire in padella con il burro. Aggiungere la pancetta tagliata a listarelle, il cumino e il coriandolo leggermente pestati e lasciar rosolare il tutto. Scolare la pasta al dente, tenendo da parte una tazza di acqua di cottura, e poi riversarla con le patate nella padella con il condimento. Aggiungere il formaggio tagliato a fettine e l'acqua di cottura, e mescolare finché il tutto non è ben cremoso. Spegnere e servire subito con una bella macinata di pepe. Per 4.

Fra le sorprese che mi hanno accolto lungo il lago Maggiore ci sono senz'altro da segnalare gli amaretti: sarà semplicemente che non mi aspettavo di trovarli qui – e invece erano in ogni dove, nelle pasticcerie, nei ristoranti, nelle gelaterie – ovunque qualcosa facesse territorio, c'erano sempre anche loro. Così, ovviamente, non potevo fare a meno di improvvisare anch'io due ricette con gli amaretti, in chiave salata però.

gnocchi con gorgonzola, bacon e amaretti

200 ml di panna fresca – 2 foglie di salvia – 1 spicchio d'aglio – 200 g di gorgonzola dolce – 50 g di parmigiano reggiano – 6 fettine di bacon – 30 g di amaretti – 400 g di gnocchi di patate – sale

Versare la panna in una ciotola resistente al calore e metterla a scaldare sul fuoco a bagnomaria. Aggiungere la salvia, l'aglio, il gorgonzola e il parmigiano e lasciare che i formaggi si sciolgano formando una cremina. Sistemare le fettine di bacon su un piatto, in uno strato sottile, e passarle al microonde a potenza massima per un paio di minuti o finché non hanno rilasciato tutto il grasso (in alternativa cuocerle in una padella antiaderente senza aggiunta di condimenti fino a renderle croccanti). Trasferire il bacon su carta assorbente da cucina e lasciare asciugare l'unto in eccesso, poi passarlo al frullatore in modo da ottenere delle briciole. Tritare anche gli amaretti. Infine, cuocere gli gnocchi in acqua bollente salata e condirli con la crema di formaggio dopo aver eliminato la salvia e l'aglio. Distribuire nei piatti e spolverizzare con le briciole di bacon e di amaretti. Per 4.

polpettone con amaretti, mortadella e limone

2 panini al latte – latte – 350 g di manzo macinato – 70 g di mortadella –1 spicchio d'aglio – una manciata di prezzemolo – 1 limone non trattato – 20 g di gherigli di noce – 1 uovo – 10 amaretti – pangrattato – 100 ml di vino bianco – olio extravergine d'oliva – sale

Bagnare i panini nel latte e strizzarli, poi riunirli nel mixer insieme alla carne, la mortadella, l'aglio sbucciato e privato dell'anima, il prezzemolo, la scorza grattugiata del limone, le noci, l'uovo, gli amaretti e un pizzico di sale. Frullare e quando il composto diventa bello omogeneo dargli la forma di un polpettone, spolverizzarlo con un po' di pangrattato e sistemarlo in una teglia da forno. Versare un filo di olio d'oliva sulla carne e il vino sul fondo della teglia e infornare a 200 °C per 40 minuti. Per 4.

gnocchi con gongorzola, bacon e amaretti

polpettone con amaretti, mortadella e limone

PERMANENTE SU TUTTA LA VIA
AMBO
I LATI
6
ANTICO
ALBERGO

A ripensarci, i miei primissimi istanti nella zona del lago Maggiore furono piuttosto emblematici. Era sera ed eravamo reduci da un lungo e caldo viaggio in macchina. Alcuni amici e conoscenti ci aspettavano a Gravellona per l'aperitivo, ma arrivammo all'appuntamento che era quasi ora di cena. Così, quando entrai al bar Aurora per la prima volta, andai dritta al bancone per procurarmi dell'acqua, e subito dopo una birra ghiacciata. Con la coda dell'occhio, però, feci in tempo a captare i gusti dei gelati scritti su una tabella e mi ripromisi di indagare certe proposte intriganti come il gelato "menta e salvia" e quello alla "torta di pane"... Li avrei assaggiati più tardi, e avremmo parlato lungamente di come la passione gelataia del papà ottantenne del bar avesse contagiato l'intera famiglia. Una storia di gesti semplici, di gusti essenziali, di persone che fanno quel che amano, come quelle che piacciono a me.

Ma quel che veramente successe, in quel bar di Gravellona, di fronte a un tavolo dove due signore erano impegnate a spalmare un denso impasto su testi roventi, fu ricevere dalle loro mani uno *stinchett*, con tanto di spiegazione: si trattava di una specialità della val Vigezzo e nessuno poteva dire che era simile al pane carasau, perché le signore potevano anche offendersi... Gli *stinchett*, che non avevo mai sentito nominare prima di allora, sono delle sottilissime crespelle croccanti fatte di acqua e farina – condite con qualche grano di sale e fiocchetti di quel buon burro di montagna che sa di erba grassa, acqua cristallina e ranuncoli e poi piegate in quattro e addentate così. E devo dire che la mia crespellina croccante, mangiata in piedi mentre chiacchieravo con conoscenti vecchi e nuovi, con quel velo di burro che si era lussuriosamente sciolto fra gli strati scrocchiarelli, è una delle cose più buone che mi sia capitato di assaggiare negli ultimi tempi. E quella crespella la dice anche lunga su questi dintorni del lago Maggiore, dove le montagne non si perdono mai di vista, viaggiando: sono sempre lì, sullo sfondo, quasi che non ci fai caso, discretamente velate da sfumature fra il grigio, il blu, il verde, impalpabili, lontane. Poi, però, nella concretezza della tavola e del quotidiano, uno realizza non senza stupore che in realtà quelle montagne sono presenti in modo quasi totalitario. Che, al di là delle apparenze fatte spesso di menu turistici a uso dei non pochi stranieri venuti dal Nord, al di là di quella cucina generica "italiana" che è tipica senza esserlo, al di là del fascino un po' retrò e un filo decadente delle grandi ville e delle piccole cittadine intorno al lago, c'è un mondo meno esangue, un universo di rustici sapori e radicate tradizioni alpine, in cui i formaggi sono ricchi di tutte le profumose modulazioni dell'alpeggio, i salumi richiamano le antiche tradizioni e la pasta è quasi un qualcosa di esotico.

A questo pensavo, l'ultima mattina a Nonio, svegliandomi nella piccola torre dove alloggiavamo, ascoltando il fragile rintocco delle campane nel silenzio cristallino di quell'ora. Che qui i laghi non sono solo laghi. Sono già un po' montagna. E infatti, l'odore del mattino nei piccoli paesini intorno al lago d'Orta non mente: si sente qualcosa di selvaggio e profondo nell'aria, qualcosa di puro e pulito che ti chiama a sé. E mentre quella mattina sorseggiavo il caffellatte, lasciando correre lo sguardo sui tetti di ardesia, lungo le casette di pietra grigia, fin giù, verso l'acqua, non potevo non ripromettermi che un giorno sarei tornata a esplorare le valli e incontrare la montagna. O almeno così si spera.

Siccome ultimamente mi sono imbattuta più volte nelle pesche alla piemontese ripiene di amaretti e cotte al forno fino a formare un delizioso e scioglievole amalgama di sapori, nonché in diverse rivisitazioni delle stesse (una per tutte: il fantastico gelato del bar Stellina di Gravellona, dove il composto di pesche e amaretti cotto al burro viene aggiunto al gelato alle pesche, buonissimissimo), non potevo non proporne una versione mia. Eccola, dunque, grafica e lineare, e ma soprattutto molto fresca, perfetta per le serate estive.

pesche alla piemontese (cheesecake remix)

50 g di amaretti – 50 g di biscotti secchi – 1 cucchiaio di cacao in polvere – 70 g di burro – 4 pesche mature – 120 g di zucchero – 1 cucchiaio di grappa – 3 fogli di gelatina – 300 g di ricotta vaccina – 150 ml di panna fresca – 40 g di burro

Frullare gli amaretti insieme ai biscotti, il cacao e 40 g di burro. Servendosi di un anello da pasticceria di 22 cm di diametro appoggiato su una placca rivestita con carta da forno, spalmare all'interno dell'anello l'impasto ottenuto formando un disco. Premere bene e infornare a 190 °C per 10-12 minuti. Sfornare e lasciar raffreddare.

Sbucciare le pesche e tagliarne la polpa a pezzetti, poi metterle a cuocere per qualche minuto in una casseruola con il burro rimasto sciolto e lo zucchero. Versare la grappa e proseguire la cottura a fuoco dolce per una decina di minuti. Spegnere, frullare il tutto in modo da ottenere un coulis omogeneo e mettere da parte 200 ml di salsa di pesche. Nell'altra metà della salsa sciogliere 2 fogli di gelatina, precedentemente messa in ammollo e strizzata, mescolando bene. Lasciar intiepidire, poi amalgamarvi la ricotta. Montare la panna e incorporare, delicatamente, anche questa. Foderare l'anello da pasticceria con una striscia di acetato e versare la crema sulla base del biscotto. Trasferire in frigorifero per un paio di ore finché la crema non è del tutto rappresa. Infine, scaldare la salsa di pesche messa da parte, sciogliere dentro l'ultimo foglio di gelatina, messo in ammollo e strizzato, e versarla sulla crema di pesche formando uno strato liscio e omogeneo. Riporre il dolce in frigorifero finché non è ben rappreso e servire togliendo prima la striscia acetato. Per 8.

Se vi piace fare torte, la farina di polenta è un ottimo ingrediente da tenere in dispensa: dà struttura, croccantezza, rusticità, aggiunge in qualche modo un'altra dimensione ai vostri dolci. E siccome non potevo concludere il capitolo più "montagnolo" del libro senza una bella torta di mele, eccola qui, fra il rustico e l'elegante, perfetta per una sana merenda, da condividere con le amiche per il tè o da infilare nello zainetto dei piccoli di casa...

torta di polenta, mele e mandorle

75 g di farina di mais – 75 g di farina 00 – 100 g di farina di mandorle – un pizzico di sale – 1 cucchiaino di lievito in polvere per dolci – 2 uova – 150 g di zucchero – 200 ml di latte – 40 g di burro – 1 limone non trattato – 3 mele – 1 cucchiaio di zucchero di canna – 1 cucchiaio di zucchero a velo

Mescolare le tre farine, il sale e il lievito. Separare le uova e sbattere i tuorli con lo zucchero, poi incorporare, alternandoli, le farine e il latte, continuando a sbattere. Aggiungere metà del burro, fuso, la scorza grattugiata del limone e, per ultimo, incorporare delicatamente gli albumi montati a neve. Versare il tutto in una teglia rotonda di circa 24 cm di diametro. Sbucciare le mele, tagliarle a fettine e disporle sulla superficie della torta, premendole un po' nell'impasto. Finire distribuendo sulla superficie lo zucchero di canna e il burro rimasto a fiocchetti. Infornare a 180 °C per 50 minuti circa. Sfornare, lasciare intiepidire e spolverizzare con lo zucchero a velo. Per 8.

il paese delle ombre

Premesso che, com'è risaputo, ogni regione italiana ha i suoi prodotti tipici e una sua cucina che combina inventiva locale e ciò che il territorio mette a disposizione, in Umbria questo rasenta – secondo criteri del tutto contemporanei – la quasi perfezione: largo spazio alla naturalità, preparazioni essenziali e predominio di cereali e legumi. Insomma, in quanto a mangiare semplice ma sano e autentico, l'Umbria offre davvero molti spunti a cui ispirarsi.

TUTTO
CINGHIALE
TUTTO
TARTUFO
PASTA-DI
TARTUFO
PER-TARTINE
E-CROSTINI
RADIO ITALIA
Internazionale
ROVEIA
VECCHIO-LEGUME
SEGNALATO DA
l'Italia
del Gambero Rosso
SEGNALATO DA
almanacco
dei golosi
CHI-MANGIA-IL-FARRO
NON-NUTRE-IL-MEDICO
FARRO-DI-MONTELEONE-DI SPOLETO

Ma chi l'ha detto che la pizza pasquale al formaggio, tipica dell'Umbria, debba essere consumata solo a Pasqua? Qui l'ho "trasformata" in un pane decisamente ricco che sta meravigliosamente bene, così com'è o grigliato, con qualsiasi salume o pâté vegetale vevorrete abbinarci; il sapore rustico è dovuto alla farina di farro che dà un tocco grezzo e delizioso a tutte le preparazioni da forno.

pane di farro e formaggio

10 g di lievito di birra fresco – 125 g di farina di farro integrale – 75 g di farina 00 – 3 uova – 50 g di pecorino romano grattugiato – 50 g di parmigiano grattugiato – 50 ml di olio extravergine d'oliva – pepe nero in grani – 1 cucchiaino di semi di cumino

Sciogliere il lievito in 50 ml di acqua tiepida, versare il composto sulle farine mescolate e cominciare a lavorare l'insieme, aggiungendo se necessario poca acqua per ottenere un impasto elastico e di buona consistenza. Sistemarlo in una ciotola, coprire e lasciare lievitare per 1 ora e mezza. Nel frattempo sbattere le uova con i formaggi grattugiati, aggiungere l'olio, poco pepe nero macinato e i semi di cumino, mescolare e lasciare riposare. A lievitazione avvenuta, con l'impastatrice (o a mano, mescolando con un cucchiaio di legno) lavorare il panetto lievitato con il composto di uova, fino a ottenere una consistenza omogenea e piuttosto liquida. Versare il tutto in una teglia da plum cake media (il composto deve riempire la teglia fino ai due terzi), foderata con carta da forno. Coprire e lasciar lievitare di nuovo per 1 ora e mezza. Dopo la lievitazione, infornare a 180 °C per 50 minuti o finché il pane non risulta ben gonfio e dorato. Sfornare e lasciare raffreddare su una gratella. Ottimo con gli antipasti di salumi o per preparare toast grigliati. Per 1 pane.

cinema
CORSO

La Bottega del Rigattiere
TEL. 97816
118
SPECIALITA' D'AMELI
FICHI GIRO
IL DOLCE FRU
(MARCHIO E NOME REGISTRATO)

Il mio sport preferito in Umbria consiste nel girare per paesini, risalendo a piedi le loro vie strette, fino alla piazza o la chiesa che si trovano in cima. Strada facendo si individuano le trattorie, i rigattieri e le botteghe "interessanti" in cui fermarsi, a mo' di ricompensa, quando sarà il momento di scendere...

Gli ingredienti umbri si prestano meravigliosamente a preparazioni povere, quasi sempre salutistiche, ma anche molto saporite. Questo minestrone ne è un perfetto esempio: leggero, stagionale, sano e insieme delizioso, grazie all'aggiunta di un cucchiaino di "pesto umbro" che ha quasi il sapore della frescura dei boschi in primavera e che funziona benissimo anche per condire una lasagna, aternandolo con fettine di pecorino semi stagionato.

minestrone al farro con pesto umbro

1 carota – 1 costa di sedano – 1 porro – 200 g di farro perlato – 100 g di fagioli borlotti freschi – 1 patata – 100 g di fagiolini – 100 g di piselli sgusciati – una manciata di foglie di bieta – olio extravergine d'oliva – sale
PER IL PESTO UMBRO: 1 cucchiaio di pinoli – 20 g di parmigiano – 20 g di pecorino stagionato – 20 g di gherigli di noce –15 foglie di basilico – circa 10 rametti di maggiorana fresca – 1 rametto di timo – mezzo spicchio d'aglio– 100 ml di olio extravergine d'oliva

PER IL MINESTRONE: tagliare la carota, il sedano e il porro a pezzettini piccoli e farli appassire in una pentola con un filo di olio d'oliva. Aggiungere il farro sciacquato, farlo insaporire per 1 minuto, quindi coprire a filo con dell'acqua. Portare il tutto a ebollizione e lasciar cuocere per 10 minuti. Unire i borlotti e la patata sbucciata e tagliata a dadini, cuocere per 10 minuti ancora, e infine aggiungere i fagiolini tagliati a pezzetti, i piselli e la bieta sminuzzata. Proseguire la cottura per altri 10 minuti, spegnere, aggiustare di sale e servire con il pesto umbro.

PER IL PESTO UMBRO: tostare i pinoli e frullarli insieme al parmigiano, il pecorino, le noci, il basilico, le foglioline di maggiorana e di timo e l'aglio. Aggiungere l'olio a filo, sempre frullando, fino a ottenere una crema omogenea. Servire la zuppa con il pesto a parte. Per 4.

Le lenticchie in Umbria sono del tutto inevitabili, ennesimo esempio di ingrediente povero ma buono. Un po' perché sono un'ottima fonte di proteine a un prezzo decisamente competitivo, un po' perché anche sul versante gustativo sono interessanti e dotate di grande versatilità. Insomma, in tempi come questi in cui si cerca di essere un po' più etici e salutari – oltre che locali – nel piatto quotidiano, l'umile lenticchia merita decisamente la nostra attenzione, sia in versione "zuppa d'inverno" sia in versione sostanziosa "insalata per tutto l'anno".

insalata di lenticchie, trota e spinacini

200 g di lenticchie verdi – 2 trote – 50 g di salamino di cinghiale – 1 cipollotto – 100 g di spinacini – 1 limone – olio extravergine d'oliva – sale e pepe

Dopo averle sciacquate, cuocere le lenticchie per 25 minuti in abbondante acqua. Scolare e tenere da parte. Cuocere le trote intere al vapore, poi sfilettarle. In una padella antiaderente far rinvenire, insieme a un filo d'olio d'oliva, il salamino tagliato a julienne. Aggiungere il cipollotto affettato e lasciar insaporire per qualche minuto. Unire infine le lenticchie e gli spinaci, mescolare per 2 minuti e spegnere. In ultimo aggiungere i filetti di trota spezzettati e 1 cucchiaio di succo di limone. Aggiustare di sale e pepe e servire subito. Per 4.

zuppa di lenticchie e castagne

1 carota – 1 costa di sedano – 1 cipolla rossa – 1 spicchio d'aglio – 200 g di lenticchie – 1 l di brodo vegetale – timo, rosmarino e alloro – 1 patata – 150 g di castagne lesse o precotte – olio extravergine d'oliva

Far soffriggere leggermente in 1 cucchiaio d'olio la carota, il sedano e la cipolla tritati insieme all'aglio in camicia. Aggiungere le lenticchie sciacquate, dare una buona mescolata e versare il brodo. Unire 1 rametto di timo, 1 di rosmarino e 1 fogliolina di alloro e lasciar cuocere il tutto per 20 minuti. Trascorso questo tempo, aggiungere la patata sbucciata e tagliata a dadini piccoli e le castagne precotte. Lasciar cuocere per altri 20 minuti, aggiungendo eventualmente un po' di brodo: questa zuppa non deve asciugarsi troppo. A fine cottura eliminare l'aglio, l'alloro e quel che rimane dei rametti di timo e rosmarino e, con il frullatore a immersione, ridurre in crema circa metà della zuppa, in modo da ottenere una metà "solida" e una metà omogeneizzata. Mescolare bene il tutto, verificare il condimento e servire con fettine di pane abbrustolito. Per 4.

insalata di lenticchie, trota e spinacini

zuppa di lenticchie e castagne

Vivendo in Italia è difficile che non ti venga la fissa del sugo della domenica. A me è venuta molto tempo fa e non c'è niente da fare: adoro preparare i sughi al pomodoro che cuociono piano per ore e ore, adoro quel profumino che si sparge per tutta casa, adoro far saltare una quantità esagerata di pappardelle, o paccheri, o maccheroni, in una padella che straborda di sugo, adoro stappare un buon rosso e servire tutto ciò a tavola per condividerlo con la famiglia o gli amici. Questo è un grandissimo sugo, per cambiare un po' da quello solito della domenica, ispirato a un abbinamento rubato a Gianfranco Vissani, illustre cuoco umbro...

pappardelle con sugo di lepre all'arancia

2 cosce di lepre – 2 coste di sedano – 2 carote – 2 spicchi d'aglio – 2 cipolle – 5 chiodi di garofano – 1 foglia di alloro – 2 rametti di rosmarino – 1 arancia non trattata – 1 l di vino rosso corposo – 400 g di polpa di pomodoro – brodo vegetale – 350 g di pappardelle all'uovo – olio extravergine d'oliva – sale

In una ciotola capiente, sistemare la carne insieme a 1 costa di sedano, 1 carota, 1 spicchio d'aglio e 1 cipolla steccata con i chiodi di garofano, l'alloro, 1 rametto di rosmarino, 1 scorza d'arancia prelevata con un pelapatate e il vino, e lasciar marinare per una notte. Il giorno dopo scolare la carne e filtrare la marinatura. Tritare il sedano, la carota, la cipolla e lo spicchio d'aglio rimanenti e far appassire il tutto in una pentola insieme a un generoso filo d'olio. Aggiungere le cosce di lepre e farle rosolare per qualche minuto a fiamma alta. Versare 2 bicchieri della marinatura filtrata, lasciar evaporare in parte e unire infine il pomodoro. Aggiungere 1 cucchiaino di scorza d'arancia grattugiata, 1 rametto di rosmarino e versare il pomodoro, mescolare e lasciar cuocere coperto per 2-3 ore a fiamma bassa. Durante la cottura aggiungere di tanto in tanto un mestolino di brodo in modo da non asciugare troppo il sugo. Una volta che la carne sarà cotta, prelevare le cosce, disossarle, rimettere i pezzettini di carne nel sugo e aggiustare di sale. Infine, cuocere la pasta al dente in abbondante acqua salata, scaldare il sugo di lepre in una padella capiente e farci saltare la pasta cotta. Servire subito, con del pecorino grattugiato. Per 4.

Una gita in Umbria è l'occasione perfetta per rifornire la dispensa di prodotti a lunga conservazione: dal farro di Monteleone di Spoleto alle lenticchie di Castelluccio, dall'olio d'oliva (il mio preferito è quello del Trasimeno, sembra quasi fruttato) ai piccoli tartufi neri conservati che, visti così, fanno un po' pena soli soletti nel loro micro vasettino ma che tornano utilissimi per dare un tocco regale a qualsiasi cena improvvisata...

7

Credo che lo stufato di agnello sia un piatto pressoché universale, ne conosco diverse varianti speziate e ci sono persino cresciuta: mia nonna cucinava un delizioso stufatino di agnello che serviva insieme alle primizie belghe – piselli, tenere carotine, minuscole rape e cipollotti – mentre mia mamma ha sempre cucinato l'agnello come uno stufato invernale, insieme a piccole rape e ai *flageolets* (piccoli fagioli secchi, ma verdi). Ecco una versione tutta mia, da "cucina povera", che prevede la cicerchia, quel legume un po' antico e un po' dimenticato.

stufato di agnello e cicerchie alla maggiorana

200 g di cicerchie secche – 2 spicchi d'aglio – 2 cipollotti – 200 g di spezzatino di agnello (spalla) – 1 cucchiaio di farina – 250 ml di vino bianco – 1 cucchiaio di maggiorana essiccata – 1 foglia di alloro – brodo di verdure – prezzemolo – olio extravergine d'oliva – sale

La sera prima, mettere in ammollo le cicerchie. Dopo 12 ore, scolarle, sciacquarle e farle cuocere in abbondante acqua per 2 ore. Scolare e tenere da parte.
Schiacciare gli spicchi d'aglio e farli rinvenire in una pentola (preferibilmente di ghisa), con un filo di olio d'oliva. Aggiungere i cipollotti tritati e far appassire, poi aggiungere l'agnello, spolverare con la farina e lasciar rosolare a fiamma vivace per 5 minuti. Versare il vino e lasciarlo evaporare quasi del tutto. Unire la maggiorana, le cicerchie e l'alloro e coprire con del brodo. Lasciar cuocere a fuoco medio-basso per 3 ore, aggiungendo, quando serve, poco brodo di tanto in tanto. A fine cottura le cicerchie devono risultare morbide, l'agnello morbidissimo e i succhi di cottura ridotti. Aggiustare di sale, spolverizzare con un po' di prezzemolo e servire con pane abbrustolito. Per 4.

Questo condimento è in realtà tipico di Norcia e si usa tradizionalmente sugli spaghetti. Trovando l'abbinamento tartufo + aglio + acciuga molto ma molto stuzzicante, l'ho dirottato per condire una semplice focaccia, di quelle che si possono mettere a lievitare nel pomeriggio per la cena, in pratica all'ultimo momento. Il risultato è un fantastico accompagnamento per le cene di verdure (che a casa mia sono frequenti) e un alleato stuzzicante da proporre, tagliato a quadrettini, all'aperitivo.

focaccia con tartufo, aglio e acciughe

10 g di lievito di birra fresco – 250 g di farina – 1 cucchiaino di zucchero – una presa di sale – 1 cucchiaio di olio extravergine d'oliva – mezzo spicchio d'aglio – 2 acciughe – 40 g di tartufo nero in conserva

Sciogliere il lievito in 150 ml d'acqua tiepida. Mescolare la farina con lo zucchero e il sale, poi unire l'acqua con il lievito, aggiungere anche l'olio e lavorare gli ingredienti fino a ottenere un impasto liscio ed elastico (se necessario unire poca acqua o poca farina). Formare una palla e lasciar lievitare coperto per 1 ora e mezza. Nel frattempo, tritare finemente l'aglio sbucciato, le acciughe e il tartufo.

Riprendere l'impasto, lavorarlo di nuovo con il trito aromatico e lasciarlo lievitare per 40 minuti. Infine, sistemare l'impasto in una teglia leggermente oleata, premere la focaccia con le dita a 1 cm di spessore, coprire e far lievitare altri 40 minuti. A lievitazione avvenuta, infornare a 210 °C per circa 20 minuti. Sfornare e servire la focaccia calda, tagliata a spicchi o quadrettini.

Da una prospettiva romana, l'Umbria sembra quasi un grande giardino alle porte della capitale: basta superare il Raccordo, filare verso nord sotto un cielo che spesso pare un grande quadro monocromatico e proseguire dritto. Un'ora dopo o poco più si arriva in una terra solcata da valli verdi e sinuose, punteggiata da romantici laghetti e piccoli borghi tenacemente arroccati in cima alle altrettante colline, il tutto circondato da freschi boschi. Un giardino incantato in cui perdersi o vagare spensierati di sorpresa in sorpresa, un giardino magico vicino a casa, dietro l'angolo o quasi, e dunque ancora più meraviglioso. E c'è davvero qualcosa d'irreale in questi paesini grigi, nelle loro vie invariabilmente ventose, disegnate da ombre fresche, nei monasteri sparsi fra le querce e nei silenzi onnipresenti che infondono tanta pace e al tempo stesso fanno venire qualche sospetto, come se questa pace fosse quasi eccessiva. Troppa calma, troppo silenzio, troppa solitudine, troppo verde per essere vero.

La sensazione che ricevo dalle mie incursioni è sempre la stessa: un senso di riservatezza che sconfina nell'essere schivo, un freddo piacevole, nelle persone e nelle cose, qualcosa di minerale che altro non è, forse, che il riflesso della natura, cristallina e integra. Nell'insieme, l'Umbria dà la felice impressione di essere proprio "integrale", cioè non chimicamente raffinata, sfibrata, triturata come invece lo sono troppo spesso le realtà cittadine.

E anche il cibo umbro mi sembra così: schietto, semplice e per di più salutare. Una cucina povera per eccellenza, genuina nella sostanza, essenziale nella concezione e negli accostamenti, spoglia e perfetta così com'è, tanto che non andrebbe sottovalutata. Una cucina contadina nell'accezione più dignitosa del termine perché si basa sui cereali e legumi, completata dall'eterno maiale (cosa non evoca il nome di Norcia), da un po' di selvaggina e qualche pesce d'acqua dolce (hanno anche loro, per me, un sapore che sa dei boschi che circondano le acque in cui vivono). In sostanza, quella umbra è una cucina grezza e insieme elegante nel suo minimalismo sempre centrato. L'aggiunta, poi, del tartufo nero non è un incomprensibile paradosso, anzi, si armonizza perfettamente in questo quadro: il suo sapore molto terreno non fa che sottolineare e incoronare un insieme di sapori perfettamente naturali.

Per me il cibo umbro è il cibo del restauro per eccellenza: è ciò che mangi e che ti rigenera dopo lunghe camminate, dopo aver sfidato il freddo, il vento e le pietre che hai calcato salendo per le vie dei paesini silenziosi, camminando lungo i fiumi o esplorando i boschi. Ci sono in fondo cibi per ogni situazione e quelli umbri, che siano le ceriole al sugo di cinghiale o una calda zuppa di farro, sono lì per riconciliarvi con il mondo, naturalmente.

Non vado matta per il cioccolato. O meglio, lo apprezzo sicuramente come tutti, ma a dosi omeopatiche. Che poi uno sia un *chocolate addict* o un semplice curioso, vale comunque la pena, almeno una volta nella vita, visitare Eurochocolate a Perugia, una fiera che mescola il sacro con il profano, pardon, l'artigianale e l'industriale, ma che trasforma soprattutto la città in un gran calderone al profumo di cacao.

tortine con cioccolato, castagne e noci

60 g di castagne precotte – 50 g di gherigli di noce – 50 g di cioccolato fondente al 70% – 2 uova – 100 g di zucchero – 180 ml di latte – 50 g di farina 00 – 50 g di farina di farro – mezzo cucchiaino di lievito in polvere per dolci – 1 rametto di rosmarino – sale

Tritare finemente, al coltello o con il mixer, le castagne, le noci e il cioccolato. Sbattere le uova con lo zucchero fino a ottenere un composto spumoso poi aggiungere, sempre sbattendo, anche il latte. Incorporare il trito di castagne, noci e cioccolato, e quindi le farine, il lievito e un pizzico di sale, mescolando velocemente il tutto. In ultimo tritare finemente le foglioline di rosmarino e incorporare anche queste. Suddividere l'impasto in 6 stampini da tortine da 200 ml riempiendoli fino ai tre quarti. Infornare a 180 °C per 25 minuti. Per 6 tortine.

baci da perugia (con le nocciole)

330 g di cioccolato fondente al 60% – 250 ml di panna fresca – 50 g di burro – 100 g di nocciole tostate – 200 g di cioccolato fondente al 70%

Sciogliere a bagnomaria il cioccolato al 60% spezzettato, aggiungere la panna riscaldata a parte e mescolare vigorosamente. Unire il burro a pezzettini e amalgamare bene gli ingredienti fino a ottenere una ganache liscia e cremosa. Tritare grossolanamente al coltello 70 g di nocciole tostate e incorporarle alla ganache. Trasferire il tutto in frigo e lasciar rapprendere per una notte. Il giorno dopo prelevare un cucchiaino di ganache per volta e formare delle polpettine. Premere una nocciola tostata in cima a ogni polpetta, schiacciandola un po'. Rimettere in frigo per 1 ora. Infine, sciogliere il cioccolato al 70% a bagnomaria e passarci delicatamente ogni bacio. Lasciar sgocciolare su una griglia e conservare al fresco. Per una cinquantina di baci.

tortine con cioccolato, castagne e noci

baci da perugia (con le nocciole)

Che il farro potesse essere a tutti gli effetti un sostituto del riso,
ne ho avuto la conferma con questa crostata che assomiglia molto a un dolce tipico delle merende della mia infanzia in Belgio. Rispetto al riso, però, il farro ha un sapore più complesso e ricco, e il risultato è una deliziosa crostata per golosi di ogni età, insieme confortante ma rustica, intrigante ma salutare.

crostata di farro e latte

125 g di burro freddo – 250 g di farina – 1 l di latte – 200 g di zucchero – 1 bacca di vaniglia – 150 g di farro perlato – 2 uova

Tagliare a dadini il burro e, con la punta delle dita, sbriciolarlo insieme alla farina fino a incorporarla del tutto; aggiungere 2-3 cucchiai d'acqua e impastare velocemente in modo da ottenere una palla. Avvolgere nella pellicola e tenere in frigo per 1 ora. Portare a ebollizione il latte con lo zucchero e la bacca di vaniglia aperta. Quando bolle unire il farro e cuocerlo a fiamma bassa per circa 1 ora o fino a quando il farro non ha assorbito tutto il latte, trasformandosi in un composto denso e cremoso. Spegnere, togliere la bacca e lasciare intiepidire. Incorporare poi le uova mescolando bene. Riprendere l'impasto dal frigo, stenderlo a 3 mm di spessore per rivestire una teglia da crostata di 22 cm (o 6 tegliette da crostatine), riempire con la crema al farro, livellare e infornare a 180 °C in forno già caldo per 50 minuti (30 per le crostatine), o fino a quando la superficie della crema non è ben dorata. Per 8.

testaccio

Testaccio è molte cose e il loro contrario. Ma è soprattutto il rione di Roma che preferisco. Certo, vivendoci vicino, è difficile non affezionarsi a questa zona curiosa in cui si mescolano archeologia industriale, ricordi millenari e movida "de' noantri", i cui ritmi sono più simili a quelli di un paesino che di un quartiere centrale di una capitale europea. Testaccio è appunto un fragrante mix fra vecchio e nuovo, bellezza e rozzezza, poesia quasi bucolica e brusio cittadino. Vale la pena andarci, annusare le sue stradine e soprattutto fermarsi a parlare con i testaccini, cosa che non vi chiederà nessuno sforzo.

FRESCO FRUTTA
BOX A19
CAAF FONDI -LT-

Giocare ai trasformisti mi piace sempre molto (forse qualcuno si ricorderà del burger amatriciano che si trova sul mio blog), così come mi piace spiazzare le attese, per esempio offrendo un finger food da maneggiare distrattamente mentre si bevono bollicine di quelle "bbuone", tranne poi scoprirci un cuore autenticamente e rusticamente romanaccio. Non il solito supplì insomma...

amatricini

1 cipolla – 50 g di guanciale – 5 pelati in scatola – 2 cucchiai di passata di pomodoro – una presa di peperoncino in scaglie – 300 g di riso (Roma o Carnaroli) – 2 cucchiai di pecorino romano grattugiato – 1 cucchiaio di parmigiano grattugiato – 1 uovo – pangrattato – sale – olio per friggere

Tritare la cipolla. Tagliare il guanciale a dadini molto piccoli e farli cuocere senza aggiungere altri grassi in una pentola media. Unire la cipolla, lasciarla appassire, poi versare mezzo litro d'acqua, i pelati, la passata, il peperoncino e una presa di sale. Una volta raggiunta l'ebollizione, versare il riso e farlo cuocere a fuoco medio. Quando sarà cotto, spegnere, aggiungere i due formaggi, mescolare bene e incorporare infine l'uovo. Versare il tutto in una ciotola, coprire e lasciar raffreddare completamente. Infine, con le mani bagnate, formare delle polpettine, passarle nel pangrattato e friggerle in olio bollente finché non sono dorate. Scolare su carta da cucina e servire calde e croccanti all'aperitivo. Per una ventina di amatricini.

Ho scoperto i carciofi proprio a Roma e ogni anno, fra marzo e aprile, quando i mercati si riempiono di montagnette di cimaroli un momento di raptus viene anche a me. Ecco due varianti personali di due superclassici: i carciofi alla romana con una lontanissima eco marocchina e i carciofi alla giudia destrutturati, o quasi, da sgranocchiare all'aperitivo a mo' di patatine...

chip di carciofi con paprica affumicata

2 carciofi – olio per friggere – 2 cucchiaini di sale marino – mezzo cucchiaino di paprica affumicata in polvere

Pulire i carciofi come nella ricetta precedente, poi staccare tutte le foglie tenere una a una. Tuffare le foglie nell'olio caldo e lasciar friggere per qualche minuto o fino a quando non sono belle dorate. Scolare su carta da cucina e lasciar asciugare per bene. Mescolare il sale con la paprica, spolverare le patatine di carciofo e servire. Le parti dei carciofi che avanzano possono essere utilizzate per fare una zuppa o un purè.

carciofi stufati con menta e arancia

6 carciofi cimaroli o mammole – 1 limone – 100 ml di olio extravergine d'oliva – 2 spicchi d'aglio – 4 rametti di mentuccia romana – 1 cucchiaino di scorza d'arancia non trattata grattugiata – acqua – sale e pepe

Pulire i carciofi, scartando le foglie esterne dure e incidendo quelle tenere con un movimento circolare, in modo da spuntarne la parte pungente. Pelare i gambi tenendoli attaccati e, man mano che sono pronti, tuffare i carciofi in acqua acidulata con succo di limone. Scolarli e sistemarli in una casseruola che li contenga di misura, versare sopra l'olio, aggiungere l'aglio schiacciato, la mentuccia finemente tritata, la scorza di arancia, sale e pepe e coprire a filo con acqua. Porre sul fuoco e lasciar cuocere a fuoco medio per circa 20 minuti o finché non sono teneri (ma non spappolati). Servire a temperatura ambiente, come antipasto o contorno. Per 6.

carciofi stufati con menta e arancia

chip di carciofi con paprica affumicata

CARNE EQUINA
CARNI FRESCHE
BOX 122

VIA
DI MONTE
TESTACCIO

Emporio
delle Spezie
www.emporiodellespezie.com

52F

A chi visita Roma ed è curioso di cibo e mercati consiglio sempre un giro a Testaccio: il mercato rionale è uno dei più autentici che io conosca. Ma c'è anche il Farmers' Market aperto solo nel weekend in uno dei padiglioni dell'ex mattatoio. Ottima occasione quindi per una passeggiata in uno dei siti di archeologia industriale più affascinanti della capitale.

Più o meno ogni anno mi prende la carciofomania e oltre a prepararli secondo le ricette della tradizione romana (più o meno rivisitate, vedi pagina 108) finisce sempre che cucino i carciofi anche in altre salse... Per un bel po' di tempo mi limitavo quasi unicamente alle insalatine di carciofi crudi affettati sottilmente (provateli, sono spaziali), poi una mattina mi sono svegliata con un pensiero fisso: i carciofi nell'impasto degli gnocchi. Così, giusto per vedere. Devo dire – modestamente – che il risultato è di una bontà unica. Da provare anche conditi con una semplice salsa di noci.

gnocchi di carciofi con fave, asparagi e guanciale croccante

2 carciofi – limone – 2 patate – 1 kg di fave – circa 10 asparagi – 2 fettine di guanciale – circa 200 g di farina – burro – 2 cipollotti – parmigiano – sale

Pulire i carciofi, scartando tutte le foglie più dure, spuntando le foglie rimanenti e pelando il gambo. Immergerli in acqua acidulata con succo di limone, poi scolarli e metterli a cuocere al vapore insieme alle patate in camicia per circa 40 minuti o finché non sono morbidi.

Nel frattempo sbucciare le fave, sbollentarle per 1 minuto ed eliminare le pellicine. Pulire e sbollentare anche gli asparagi tagliati a pezzetti. Passare entrambi sotto l'acqua fredda. Tagliare il guanciale a listarelle sottili e cuocerlo in una padella antiaderente senza aggiungere grassi fino a renderlo croccante. Scolare su carta da cucina e tenere da parte.

Sbucciare le patate e schiacciarne la polpa insieme ai carciofi, poi impastare il ricavato con un pizzico di sale e la farina fino a ottenere un impasto denso ma non colloso. Staccare dei pezzetti di impasto e farne dei filoncini dello spessore di circa 1 cm, ritagliare gli gnocchi e passarli sul rigagnocchi o sui rebbi di una forchetta.

Far cuocere gli gnocchi in abbondante acqua salata. Nel frattempo scaldare una noce di burro in una padella capiente, unire i cipollotti affettati, quando saranno appassiti aggiungere le fave e gli asparagi, lasciar insaporire per 1 minuto e infine versare gli gnocchi scolati. Far saltare il tutto brevemente e a fuoco vivace, servire subito, con il guanciale croccante e il parmigiano grattugiato. Per 4.

Il Velavevodetto è un locale di Testaccio ripreso qualche anno fa dal mio amico Flavio, un gastro-cuoco curioso e sinceramente appassionato che propone una cucina semplice, da trattoria, ma con ingredienti ottimi e un'infinita cura (per non dire ossessione) per i dettagli. È sempre bello chiacchierare con lui di ricette e sapori e farsi raccontare le sue ricette. Come questa, un condimento semplice e geniale per spaghetti o ravioli, che allieta da anni i frequentatori di Testaccio.

gli spaghetti alla velavevodetto

300 g di pomodorini di Pachino maturi (se siete romanisti potete fare metà gialli e metà rossi) – circa 10 foglie di basilico – 3 rametti di mentuccia romana – una presa generosa di maggiorana secca – una presa generosa di timo secco – una presa generosa di origano secco – olio extravergine d'oliva – 300 g di spaghetti – ricotta salata (quella bianca da grattugiare, non quella stagionatissima) – sale

Tagliare i pomodorini a metà e metterli in una ciotola. Aggiungere il basilico e la mentuccia tritati finemente. Unire anche le erbe secche e poi versare olio d'oliva fin quasi a coprire il tutto. Mescolare con le mani, premendo leggermente i pomodorini in modo che rilascino un po' della loro acqua. Coprire e lasciar marinare al fresco per almeno 3-4 ore. Trascorso questo tempo, riportare i pomodorini a temperatura ambiente e far cuocere gli spaghetti in abbondante acqua salata. Prelevare un po' di acqua di cottura, scolare la pasta, versarla in una ciotola capiente e aggiungere i pomodorini scolati dalla maggior parte dell'olio. Aggiungere 4-5 cucchiai di ricotta grattugiata e mescolare energicamente in modo da scioglierla e formare una cremina; se necessario versare un goccio di acqua di cottura per rendere cremosa la mantecatura. Servire subito. Per 4.

Quando vivevo da poco a Roma mi capitò di proporre di scrivere un articolo su Testaccio per un giornale belga. Era un quartiere così pieno di cose ignote, così ricco di storie, così incredibilmente versatile, come si poteva pensare di visitare Roma ignorando la sua esistenza? Così, preparando quel pezzo, imparai a conoscere meglio una zona romanissima che ruota tutto intorno a due "monumenti" situati l'uno accanto all'altro.

Da un lato il monte Testaccio, detto anche dei Cocci, che altro non è che una discarica di epoca romana, oggi sotto le sembianze di una collinetta ricoperta di cespugli e alberelli ma composta, sotto, da milioni di anfore rotte (i cocci per l'appunto) provenienti dal vicino porto mercantile sul Tevere. Dall'altro c'è l'ex mattatoio comunale, una struttura enorme e architettonicamente bellissima, costruita alla fine dell'Ottocento quando si pensava di destinare l'area Testaccio-Ostiense alle attività industriali e in disuso ormai da più di tre decenni. Entrambi questi "siti" hanno influito profondamente sul destino del quartiere in epoche diverse. Il monte che gli ha dato il nome (il latino *testae* significa proprio "cocci") è diventato, per via dell'aria che circola fra i cocci, una specie di cella frigorifera ante litteram (con tanto di "grotte" scavate nel monte intorno alla sua circonferenza), ospitando presto magazzini, cantine e quindi osterie, mentre il mattatoio e i suoi lavoratori hanno nutrito l'identità testaccina, e in particolar modo la sua gastronomia, grazie anche al quinto quarto, quelle frattaglie poco pregiate che un tempo costituivano parte della paga dei vaccinari, i lavoratori più umili del mattatoio.

La parte più bella, per me, sta nell'immaginarsi queste scene del passato, magari in bianco e nero: facevano dunque il loro ingresso nelle osterie del rione questi omoni che uno s'immagina grandi e grossi (l'ex mattatoio conserva ancora le salde ringhiere che danno una buona idea della forza del bestiame), portandosi appresso code di vitello, guance, zampe, interi pezzi di trippa o gomitoli di candidi intestini di vitelli da latte, alla ricerca di una cuoca che avrebbe potuto trasformare tutto ciò in un qualcosa che desse nutrimento, sostentamento, vita. Da quel momento il quartiere è stato avvolto in un inconfondibile profumino di pomodoro, sedano e coda, ha visto apparire i nervetti croccanti in insalata con i sottaceti e gli stufati al garofano, e poi la pajata che sposa i rigatoni e la trippa che si profuma di mentuccia, e tante altre preparazioni che oggi fanno a tutti gli effetti parte della tradizione romana.

Ma Testaccio non è solo una storia di uomini e di bestie, anzi, il mio Testaccio è uno dei quartieri più schietti e simpatici che mi sia dato conoscere, quasi un paesino, dove è bello passeggiare, andare al mercato (a mio avviso uno dei più belli di Roma e che nel periodo delle primizie diventa semplicemente meraviglioso: date un'occhiata al banco di solo pomodori del signor Carmelo, alle verdure di Mentana o a tutti i vecchi signori impegnati a capare carciofi, broccoletti, puntarelle ecc.), scambiare battute con i venditori o con sconosciuti incrociati per strada e respirare un'aria fra il cittadino e il campestre: se guardate bene troverete cose che nulla hanno a che vedere con la città, spazi verdi inattesi, qualche gallo e persino un paio di pecore…

Vado matta per tutto ciò che è verde e quando arrivano le primizie prima mi commuovo (avete presente il primo baccello di piselli che si apre al mercato, a marzo: in bocca sono perline croccanti e zuccherose, un concentrato di linfa e di primavera...), poi continuo a cucinarle e mangiarle senza sosta fino a quando non scompaiono. Fra le abitudini alimentari di questa città ci sono le fave con il pecorino che dovrebbero in qualche modo far parte del menu di Pasquetta, io ci aggiungo i piselli e soprattutto la ricotta, irrinunciabile alleato delle primizie romane...

terrina di ricotta con primizie

60 g di fave fresche sgusciate – 350 g di ricotta di pecora freschissima – 2 uova – 2 cucchiai di parmigiano grattugiato – 2 cucchiai di pecorino romano grattugiato – 60 g di piselli freschi sgusciati – 1 cucchiaino di semi di nigella – noce moscata – sale e pepe

Sbollentare le fave per 1 minuto in acqua bollente, eliminare le pellicine e mettere da parte. Con una forchetta, lavorare la ricotta insieme ai tuorli, il parmigiano e il pecorino fino a ottenere una crema. Aggiungere i piselli crudi e le fave sbollentate, i semi di nigella, sale, pepe e una grattata di noce moscata.
Montare a neve gli albumi, incorporarli delicatamente al composto di ricotta. Trasferire il tutto in una teglia da plum cake media foderata con carta da forno e infornare a 180 °C per circa 45 minuti o finché la lama di un coltello non esce pulita. Lasciar raffreddare completamente e conservare al fresco. Servire a fette, con del pane e dell'insalata. Per 4.

OPINEL

Ho avuto un pessimo rapporto con il bollito per almeno i primi trent'anni della mia vita: mia madre faceva bollire un pezzo di manzo nella zuppa che preparava nel weekend, sicché molto spesso il lunedì a cena si mangiava questo muscolo stracotto e secchino, con senape, carote e piselli. Un incubo. Che il bollito potesse diventare una mera goduria (e quindi un buon motivo per farlo in casa), l'ho scoperto solo da pochi anni, tutto merito delle due pietanze romane che qui vi riporto, che sono poco meno che sublimi.

bollito alla picchiapò

1 cipolla – 1 carota – 1 costa di sedano – 500 g di bollito di manzo – brodo di carne – 300 g di polpa di pomodoro – circa 10 foglie di basilico – 3 rametti di mentuccia – una presa di maggiorana essiccata – olio extravergine d'oliva – sale e pepe

Tritare la cipolla, la carota e il sedano e far soffriggere il tutto in un po' di olio per qualche minuto. Aggiungere il bollito tagliato a fettine, coprire a filo con il brodo e lasciar cuocere a fuoco vivace fino a quando metà del liquido non è evaporato. Unire poi la polpa di pomodoro e le erbe aromatiche tritate e lasciar cuocere a fuoco medio per circa 40 minuti. Aggiustare di sale. Per 4.

le polpette di flavio

400 g di bollito di manzo – 100 g di bollito di gallina – 1 patata lessa – 1 panino del giorno prima – latte – 1 uovo – 2 cucchiai di prezzemolo tritato – 1 spicchio d'aglio – 2 cucchiai di parmigiano grattugiato – cannella in polvere – noce moscata – pangrattato – olio per friggere – sale e pepe

Tritare al coltello la carne di manzo e quella di gallina, poi impastare con la patata schiacciata, il panino ammollato nel latte e strizzato, l'uovo, il prezzemolo e un pezzettino d'aglio finemente tritato. Aggiungere il parmigiano, un pizzico di cannella, uno di noce moscata, sale e pepe, impastare bene, poi formare delle polpette grandi quanto un mandarino, schiacciare un po', passare nel pangrattato e friggere finché non sono dorate. Servirle calde con un contorno di insalata. Per circa 12 polpette.

le polpette di flavio

bollito alla picchiapò

FRAGOLE
BUONISSIME
PROD PROPRIA
€ 6,00

Perilli

BIGNE

S. MARIA LIBERA NOS A POENIS INFERNI
AVE MARIA

Soste golose: l'Emporio delle spezie, per ispirarsi davanti al ricco scaffale di spezie e inventare nuove ricette da sperimentare a casa; da Felice per l'abbacchio con le patate e da Flavio al Velavevodetto per le polpette di bollito e i carciofi in tutti i modi; 00100 per gli inimitabili "trapizzini" farciti con gli stufati della tradizione romana.

Anche questa è una tipica ricetta da rientro dal mercato, una di quelle cose che si mettono insieme in pochi minuti e che danno grande soddisfazione. Essenziale, ovviamente, usare fragole locali (dal sapore di fragola!) e ricotta freschissimissima del pastore. Se vi manca uno di questi due ingredienti, fatevi un piacere e preparate un altro dolce!

mousse di ricotta con fragole, menta e arancia

400 g di ricotta di pecora (o vaccina, a seconda dei vostri gusti) – 2 cucchiai di zucchero – 1 arancia non trattata – 1 cucchiaino scarso di pepe vanigliato – 250 ml di panna fresca – 1 foglio di gelatina – 300 g di fragole – 2 rametti di menta – 1 cucchiaino di miele

Lavorare la ricotta a crema insieme allo zucchero. Aggiungere 1 cucchiaino di scorza di arancia grattugiata, il pepe vanigliato e mescolare bene. Scaldare 50 ml di panna e sciogliere dentro la gelatina precedentemente messa in ammollo in acqua fredda e strizzata, poi amalgamarla alla ricotta lavorata. Montare il resto della panna e incorporarla delicatamente al composto di ricotta in tre passaggi usando una spatola. Riempire 6 bicchierini a metà e conservare al fresco. Lavare le fragole, tagliarle a fettine, aggiungere 4 cucchiai di succo di arancia, la menta tritata e il miele, mescolare e lasciar marinare in frigorifero per 20 minuti. Prima di servire, completare i bicchierini con le fragole. Per 6.

Non è solo un detto tipicamente italiano: a Testaccio,

come del resto in gran parte del Lazio, le cose molto spesso finiscono a tarallucci e vino... Fatto sta che sembra proprio che il miglior modo di finire una cena, nelle tiepide serate romane, sia esattamente quello, chiacchierando a oltranza mentre si sgranocchia qualche biscottino dolce. Di ricette di tarallucci dolci però ce ne saranno almeno quanto i locali che li servono e vendono – questi sono i miei, piccolini e croccantini, impastati con vino rosso, e profumati con anice e vaniglia...

tarallucci al vino

400 g di farina – 150 g di zucchero + una manciata per spolverizzare – una punta di coltello di lievito in polvere per dolci – una presa di sale – 150 ml di olio extravergine d'oliva – 150 ml di vino rosso – 1 cucchiaio di semi d'anice – 1 cucchiaino di estratto naturale di vaniglia

Mescolare la farina con lo zucchero, il lievito e il sale. Versare al centro l'olio, il vino, i semi di anice e l'estratto di vaniglia. Impastare il tutto a mano o con l'impastatrice. Se serve, aggiungere poca farina per ottenere un impasto consistente, liscio e non colloso. Staccarne un pezzettino, arrotolarlo a filoncino del diametro di 1 cm scarso, ritagliare dei segmenti di 10 cm e chiuderli ad anello. Non è necessario essere precisissimi, variando le pezzature variano anche le consistenze dopo la cottura e uno dei grandi piaceri nello sgranocchiare tarallucci, almeno per me, sta proprio nel fatto che alcuni siano più croccanti e altri più morbidi. Passarli nello zucchero poi disporli in una teglia foderata con carta da forno e infornare a 180 °C per 20 minuti. Sfornare, lasciare raffreddare e conservare in una scatola di latta. Per un buon centinaio di tarallucci.

SS1

Sarà che tutte le strade portano a Roma, ma non tutte sono uguali, e alcune hanno decisamente più fascino di altre. Quella che a me piace di più è, guarda caso, la prima delle strade consolari, l'Aurelia, il cui tratto iniziale, da Roma fino a Cerveteri, risale al III secolo a.C. Oggi prosegue fin oltre la frontiera francese, seguendo il ritmo frastagliato della costa tirrenica su tutta la sua metà nord, in una successione di luoghi seducenti...

Q.XII
VIA
AURELIA
ANTICA

L'Aurelia è una via mitica, che attraversa una miriade di luoghi troppo interessanti per elencarli tutti. Capalbio, per esempio, il cui lato più fascinoso è senz'altro il suo entroterra maremmano, punteggiato da vacche chiare e tenute agricole con quel *je ne sais quoi* di irsuto che ricorda il Far West, forse per via dei sentieri orlati di erbe secche che invitano a farsi una passeggiata a cavallo. Orbetello, con la sua laguna scintillante e il silenzioso affaccio sull'Argentario, la cui quiete è interrotta solo da qualche pesce che fa le capriole nell'acqua ferma. Le tante riserve naturali e le vaste pinete che corrono, scure e gravi, lungo il mare, celando qua e là trattorie tanto umili quanto squisite. Più a nord, prima di Livorno, la costa diventa frastagliata e ospita stabilimenti e alberghi che hanno un che di retrò e melanconico. L'Aurelia, insomma, con i suoi scenari cangianti e la sua perpetua corona di papaveri, meriterebbe senz'altro una vacanza *on the road* dedicata interamente a lei, da Roma a Nizza, andando adagio, fermandosi nei baretti di paese e in cima agli scogli a guardare il mare. Colonna sonora, ovvio, *Vieni via con me* di Paolo Conte…

Lungo l'Aurelia ho addirittura lasciato dei pezzettini di cuore, oggi bellissimi ricordi, come quelli legati al ristorante di Fulvio Pierangelini. Arrivavamo con il trenino da Roma nella stazione di San Vincenzo. Seguiva una brevissima passeggiata nella luce accesa di mezzogiorno e poi si andava a bussare, sempre con un che di timoroso, alla porta del ristorante. A darci il benvenuto era invariabilmente lui, cuoco riccioluto dal grembiule blu a righe bianche, sorridente, felice come chi accoglie gli amici a casa. Ci metteva a sedere nella saletta accanto alla cucina (più che una saletta, un salottino pieno di libri, oggetti, ricordi e prodotti, un vero boudoir in chiave cucinesca), davanti alla grande finestra aperta sul mare. L'arietta marittima che danzava intorno ai calici di bollicine fresche era incantevole. Come lo era sgranocchiare, in attesa del pranzo, pezzettini di schiaccia toscana, croccante e saporita, che arrivava dritta dal piccolo forno del paese, nella sua busta di carta marrone... Pierangelini lavorava i sapori venuti da quel mare che specchiava il cielo dinanzi alla sala (e vederlo tornare dal mercato e riversare quindici chili di pesce e crostacei freschissimi sui ripiani di acciaio in cucina era qualcosa di meraviglioso) con rispetto e insieme genialità. Il più delle volte significava accostare sapori semplici e intensi, con un intuito da togliere il fiato. Tuttora faccio fatica a immaginare qualcosa di più buono dei suoi gamberoni al vapore, delle sue aringhe con la burrata, della sua spigola che racchiudeva un micro pezzetto di tartufo o del suo gelato alle spezie. Il Gambero Rosso rimane un luogo topico perché era la perfetta sintesi fra l'eleganza e la sensibilità che si possono coltivare in cucina senza mai perdere di vista il sapore dell'autentico. E l'Aurelia era la strada per arrivarci.

ultimaspiaggia

DOCCE
CABINE
SPOGLIATOI

Capalbio è pur sempre Capalbio, quindi una sosta fra i bianchi legni dello stabilimento Ultima Spiaggia non può mancare, anche solo per un caffè... Per mangiare in riva al mare, invece, meglio Carmen Bay a Macchiatonda. Da visitare anche Il Frantoio, delizioso locale con annessa libreria, in paese, e Da Gianni, ottima cucina di pesce, in una traversa dell'Aurelia.

La prima volta che assaggiai questi spaghetti fu in uno stabilimento di Macchiatonda, a Capalbio, in compagnia della mia amica Raffaella, habituée sia del luogo che dello spaghetto. Ero sempre stata una fan convinta degli spaghetti alle vongole, ma la novità della bottarga mi fece l'effetto di una bomba, come se quel piatto che credevo così familiare fosse entrato in una dimensione tutta nuova. Questa che vi propongo è la versione che faccio a casa. Basta anche solo il profumo per visualizzarsi, all'istante, davanti al blu del Tirreno. E quasi quasi sentire la brezza marina scivolare fra i capelli.

spaghetti con vongole e bottarga

400 g di vongole veraci o lupini – 1 bicchiere di vino bianco – una presa di peperoncino a scaglie – 1 spicchio d'aglio – 320 g di spaghetti – una manciata di prezzemolo tritato – 50 g di bottarga di muggine (di Orbetello) – 1 limone – olio extravergine d'oliva – sale

Spurgare le vongole mettendole a mollo in acqua salata per almeno 2 ore, poi risciacquarle in acqua corrente. In un'ampia padella, versare il vino, 1 bicchiere d'acqua e un generoso filo di olio d'oliva, aggiungere il peperoncino e l'aglio in camicia e mettere sul fuoco. Una volta raggiunta l'ebollizione, unire le vongole purgate, coprire e lasciarle aprire a fuoco vivace. Nel frattempo cuocere la pasta in abbondante acqua salata e scolarla molto al dente. Trasferire la pasta nella padella con le vongole e farla saltare per 2 minuti in modo che assorba gran parte del liquido di cottura. Aggiungere infine il prezzemolo tritato, la bottarga grattugiata e 2 cucchiai di succo di limone. Mescolare bene e servire subito. Per 4.

Questo è un piatto sentimentale, e per un motivo poco gastronomico: è uno dei primissimi piatti italiani che abbia preparato nel cucinotto del primo appartamento che condividevo con mio marito, allora fidanzato, a Bruxelles. Una vita fa insomma. Ho ancora il ritaglio del giornale francese che ne proponeva la ricetta e oggi, come allora, trovo sia una preparazione intrigantissima, sia a pensarla che ad assaggiarla. In ogni caso, quando mangiai le seppie in zimino per la prima volta fui stupita dalla bontà di questo piatto che, anni dopo, ho ritrovato con piacere sui menu delle trattorie lungo la SS1, dalla Toscana fino in Liguria...

seppie in zimino

mezza cipolla – mezza costa di sedano – 1 spicchio d'aglio – 1 peperoncino fresco – prezzemolo – 1 seppia di circa – 350 g – 1 cucchiaino di farina – 20 g di porcini secchi – 2 pomodori pelati – 200 g di spinaci – 150 ml di vino bianco – olio extravergine d'oliva – sale e pepe

In una pentola (mi piace usare la cocotte di ghisa per questa ricetta) scaldare 1 cucchiaio di olio d'oliva. Aggiungere mezza cipolla, mezza costa di sedano, l'aglio, una punta di peperoncino, 2 cucchiai di prezzemolo, il tutto tritato finemente, e lasciar insaporire fino a quando la cipolla non diventa un po' dorata. Unire la seppia, pulita e tagliata a listarelle, e lasciar cuocere per 10 minuti a fuoco medio. Aggiungere la farina mescolando per amalgamarla, i funghi messi precedentemente in ammollo in acqua tiepida e poi strizzati, i pomodori, gli spinaci e il vino. Salare e pepare, coprire e lasciar cuocere piano per 30 minuti. Dopo questo tempo, togliere il coperchio e proseguire la cottura ancora per qualche minuto in modo che il fondo di cottura abbia una buona densità. Spegnere e servire. Per 2.

Se la laguna di Orbetello è famosa per più di un motivo gastronomico lo si deve essenzialmente alla sua cooperativa di pescatori che ha saputo valorizzare il luogo e le sue risorse. E non ci sono solo la bottarga di muggine (meno stagionata e quindi un po' più gentile dell'equivalente sardo, tra l'altro anche presidio Slow Food), le orate allevate o le meno note anguille affumicate. Sempre grazie alla cooperativa si può assaggiare, presso il ristorante I Pescatori che si affaccia sulla laguna, il pesce cucinato all'orbetellese, praticare la pesca sportiva o fare il giro della stupenda laguna in battello. Tutte le info su www.orbetellopesca.it.

Sarà perché il suo ristorante, il Gambero Rosso, non esiste più,

ma è con particolare affetto che ricordo i pranzi al tavolo di Fulvio Pierangelini: piccoli capolavori di goduriosa semplicità e pulizia incentrati su materie prime eccezionali, il tutto orchestrato da una mano sensibile, giusta, precisa. Fulvio mi ha insegnato, forse senza volerlo, che la cucina non è una questione di dosi e pesi ma di cuore e intuito. Ecco due ricettine senza pretese per salutarlo.

triglie con carciofi alla vaniglia

2 carciofi teneri – limone – mezza bacca di vaniglia – 2 triglie – olio extravergine d'oliva – fior di sale

Preparare l'insalata di carciofi eliminando le foglie esterne più dure, poi tagliare le sommità con le spine ed eventualmente anche il fieno interno. Ridurre i carciofi a fettine sottili, spremervi sopra un goccio di limone e condire con un generoso filo di olio d'oliva. Aprire la bacca di vaniglia, prelevare un po' di semini con la punta di un coltello e aggiungerli ai carciofi, poi mescolare bene. Lasciar marinare per 15 minuti. Nel frattempo squamare le triglie e sfilettarle. Con una pinzetta, eliminare le lische interne. Disporre i filetti con la pelle rivolta in alto su una piastra da forno, condire con un filo di olio d'oliva e passare sotto il grill caldissimo per 5 minuti o finché la pelle non inizia a diventare leggermente croccante. Distribuire i carciofi su due piatti, completare con i filetti, condire con una presa di fior di sale e servire. Per 2.

gambero al vapore con crema di ceci

400 g di ceci secchi – 1 foglia di alloro – 1 rametto di rosmarino – 1 spicchio d'aglio – olio extravergine d'oliva – 4 gamberoni – sale

Mettere i ceci in ammollo per 12 ore. Sciacquarli poi cuocerli in abbondante acqua salata insieme all'alloro, il rosmarino e l'aglio per 2 ore o finché i ceci non diventano molto teneri. Scolare, mettendo da parte l'acqua di cottura, ed eliminare l'alloro, l'aglio e il rosmarino. Passare i ceci al passaverdure in modo da ridurli in crema, eliminando allo stesso tempo le loro pellicine. Infine, usando il frullatore a immersione, frullare la crema incorporando 1 bicchiere di acqua di cottura e circa 100 ml di olio d'oliva, fino a ottenere una crema liscia e della giusta densità (né troppo liquida né troppo densa). Pulire i gamberoni privandoli della testa, del carapace e del budello dorsale, e farli a cuocere al vapore per 1 minuto. Versare la crema sui piatti e completare con i gamberoni. Antipastino per 2.

gambero al vapore con crema di ceci

triglie con carciofi alla vaniglia

Passeggiando per Livorno mi ha colpito un profumo che pensavo tipicamente spagnolo: quello dell'aglio soffritto, quasi bruciato, che precede la preparazione della salsa al pomodoro. Mi sono chiesta come mai fosse arrivato fin qui, quell'aroma che solitamente non viene associato alla cucina italiana, e forse questa ricetta potrebbe fornire gli elementi per una risposta. Chiamate "alla maniera di Mosè" a ricordo del mar Rosso che si aprì davanti al personaggio biblico, queste triglie traggono origine dalla cucina ebraica sefardita, con un probabile transito precedente in Spagna, per poi giungere in Italia a ispirare quelle "alla livornese"...

triglie alla mosaica

1 spicchio d'aglio – 1 piccola cipolla – mezza costa di sedano – 500 g di polpa di pomodoro in scatola – peperoncino a scaglie – 4 triglie di scoglio – prezzemolo – olio extravergine d'oliva – sale e pepe

Tritare l'aglio, la cipolla e il sedano e farli soffriggere con un filo di olio d'oliva in una padella capiente. Quando gli odori diventano morbidi, aggiungere il pomodoro, una presa di sale e una di peperoncino e lasciar cuocere per 20 minuti. Nel frattempo, eviscerare e lavare le triglie. Passare la salsa di pomodoro al passaverdure e riversarla nella padella. Sistemare le triglie nella salsa e lasciarle cuocere per 10 minuti senza girarle, scuotendo all'occasione la padella. A fine cottura spolverare con 2 cucchiai di prezzemolo tritato. Servire caldo. Per 2.

Soste a Livorno: l'Osteria del Mare e il Pesce Fresco in Borgo dei Cappuccini, il primo un'onestissima trattoria con un pescato di notevole qualità, soprattutto il pesce all'isolana, il secondo è l'atelier di Stefano Pilato, artista locale che plasma spiritosi pesci decorativi usando materiali di recupero.

Soste a Genova: l'Antica Sciamadda per le farinate e le acciughe ripiene; la Drogheria Torielli in via San Bernardo per i "coloniali da tutto il mondo" dal delizioso sapore retrò; la Bottega dello Stoccafisso in via Macelli di Soziglia per i bellissimi marmi anni '30 e un'infinita varietà di pesci essiccati, sotto sale, in conserva.

Questa torta mi fa davvero tanto "Liguria".

Sarà che ho sempre avuto la sensazione che da quelle parti le torte ripiene di bieta o spinaci te le tirano addirittura dietro. Non sono mai stata fanatica delle biete, ma devo dire che da quando ho scoperto quelle a coste rosse, più dolci e soprattutto dotate di un colorino che solo a vederle mette di buon umore, mi sono ricreduta... L'abbinamento con le acciughe, poi, è semplicemente superlativo.

crostata con coste rosse e acciughe

250 g di farina – 3 uova – 100 ml di olio extravergine d'oliva – 500 g di coste rosse o biete – 1 cipolla – 5 acciughe sott'olio – 1 cucchiaio di maggiorana – 120 g di ricotta – sale e pepe

Preparare la base della crostata impastando velocemente la farina con 1 uovo, 60 ml di olio d'oliva, una presa di sale e qualche cucchiaio di acqua in modo da amalgamare bene il tutto e ottenere una pasta morbida ed elastica. Lasciar riposare per 30 minuti. Nel frattempo, lavare le coste rosse, tagliarle a segmenti di 5 cm poi sbollentarle per 5 minuti. Scolare e tenere da parte. Scaldare ciò che avanza dell'olio, aggiungere la cipolla tritata e le acciughe, mescolando per scioglierle del tutto nel condimento; unire infine le biete, condire con maggiorana, sale e pepe e lasciar cuocere per 10 minuti. Trascorso questo tempo, spegnere, lasciar intiepidire e amalgamare infine la ricotta e le 2 uova rimanenti. Riprendere la pasta e stenderla a 2-3 mm di spessore, rivestirne una teglia da crostata (25 cm di diametro) unta con poco olio d'oliva, bucherellare il fondo della crostata e versare il ripieno a base di coste rosse. Livellare la superficie e infornare a 180 °C per circa 40 minuti. Servire calda o a temperatura ambiente. Per 6.

Da quando ho vissuto a Palermo mi sono presa una cotta per tutto ciò che è a base di farina di ceci. Escludendo la Sicilia, sembra davvero che l'Aurelia tracci, dal nord della Toscana fino a Nizza, una specie di fronte della farinata – o cecina, *panisse*, socca che la si voglia chiamare. Il mio credo personale in materia è che debba essere sottile, croccante sopra e morbida sotto, ma in qualsiasi versione venga fatta, la farinata è sempre e comunque buonissima. La propongo qui in una ricetta poco ortodossa, ma golosissima, con alici e formaggio.

farinata con alici e pecorino sardo

300 g di farina di ceci – circa 20 alici – 50 g di pecorino sardo stagionato – 100 ml di olio extravergine d'oliva – sale e pepe nero in grani

Con una frusta, diluire a poco a poco la farina di ceci in 1 litro d'acqua e lasciar riposare il composto per 12 ore. Dopo questo tempo, pulire le alici eliminando testa, budella e lisca, e grattugiare il formaggio. Salare il composto di ceci e versare metà dell'olio in una teglia tonda (idealmente di rame) di circa 30 cm di diametro. Aggiungere metà del composto e mescolare in modo da amalgamarlo con l'olio. Distribuire una decina di alici nella tortiera, cospargere con metà del formaggio e infornare a temperatura massima per circa 25 minuti o finché la superficie della farinata non risulta dorata. Ripetere l'operazione con una seconda teglia in modo da ottenere una seconda farinata. Servire la farinata caldissima con una macinata di pepe nero. Per 4.

Qualcuno afferma che il pandolce basso, a lievitazione "istantanea",
sia stato inventato per chi non sa maneggiare il lievito madre. Io ne sono poco convinta, anzi, credo che questo pandolce meriti di essere riscoperto. È velocissimo da impastare e risulta perfetto per l'ora del tè o per una merenda improvvisata, oltre poi a prestarsi a mille e una interpretazioni... Infine, un piccolo divertissement in bicchierini in chiave genovese, con basilico e pinoli s'intende.

biancomangiare di pinoli con basilico

50 g di pinoli – 500 ml di latte – 130 g di zucchero – 2 g di agar agar – 1 limone – 20 foglie di basilico – 1 foglio di gelatina da 2 g

Versare i pinoli nel latte. Frullare il tutto con il mixer a immersione poi lasciar riposare per 2 ore al fresco. Filtrare il latte, portarlo a ebollizione insieme a 80 g di zucchero e aggiungere l'agar agar. Lasciar bollire per 30 secondi e spegnere. Versare in 4 bicchieri e lasciar rapprendere a temperatura ambiente. PER LA GELATINA: portare a ebollizione 100 ml di acqua con 2 cucchiai di succo di limone, 50 g di zucchero e 15 foglie di basilico. Lasciar bollire per 5-7 minuti. Filtrare, aggiungere le 5 foglie di basilico rimaste, frullare e poi unire la gelatina precedentemente messa in ammollo e strizzata. Mescolare fino a farla amalgamare del tutto, quindi versare un sottile strato di gelatina sui biancomangiare e lasciar solidificare in frigo prima di servire.

pandolce con pistacchi e cioccolato bianco

85 g di burro – 100 g di zucchero – 1 uovo – 1 cucchiaio di grappa – 1 cucchiaino di estratto di vaniglia – cannella in polvere – 100 g di uvetta – 40 g di pistacchi – 150 g di cioccolato bianco – 300 g di farina – 10 g di lievito in polvere per dolci – 80 ml di latte

Con la frusta, lavorare il burro morbido insieme allo zucchero. Aggiungere l'uovo, la grappa, l'estratto di vaniglia, una punta di cannella e sbattere ancora. Incorporare poi l'uvetta, i pistacchi e il cioccolato grossolanamente tritati al coltello. Unire infine la farina mescolata insieme al lievito, alternando con il latte. Mescolare ancora il tutto fino a ottenere un impasto compatto, formare una palla, disporla in una teglia da forno e schiacciarla fino a un'altezza di 4 cm. Imprimere la lama di un coltello sulla superficie in modo da formare una grata e infornare a 180 °C per 45 minuti. Sfornare, lasciar raffreddare su una griglia e servire all'ora del tè.

pandolce con pistacchi e cioccolato bianco

biancomangiare di pinoli con basilico

le vie dorate

Delle Marche conoscevo solo il versante adriatico, la bellezza mozzafiato del Conero, le spiagge di Senigallia, i ristoranti di pesce... Ma fare un passo più in là per vedere l'entroterra è stato rivelatorio, o piuttosto un edificante viaggio per paesini esemplari, dalle vie colme di storia e di sole, indorate dalle infinite distese di grano e girasoli che le circondano tutt'intorno. Escursione in una vera campagna felice...

Sia chiaro, amo – come tutti credo – le olive ascolane preparate come si deve. Ma da tempo mi chiedevo se fosse possibile variare il ripieno senza vendere l'anima dell'oliva fritta perfetta. La mia oliva ideale doveva essere croccante, fresca e stuzzicante, e soprattutto doveva contenere un ripieno capace di dare risalto al carattere assolutamente carnoso della sua generosa polpa. Dopo un paio di prove in puro stile "apprendista stregona", sono orgogliosa di presentare il mio nuovo finger food *fetish*, lo stuzzichino che garantisce, da solo, la buona riuscita di qualsiasi aperitivo. Gradito per di più anche agli amici vegetariani.

olive non esattamente ascolane

2 patate medie – 100 g di mollica di pane – latte – 30 g di olive nere snocciolate – 1 limone – erba cipollina – 50 g di parmigiano – noce moscata – pangrattato – 500 g di olive verdi snocciolate marinate con il finocchio – farina – 1 uovo – olio per friggere – sale e pepe

Lessare le patate con la buccia, poi pelarle e schiacciarle bene con una forchetta. A parte, bagnare la mollica con un po' di latte, strizzarla e frullarla insieme alle olive nere, la scorza di mezzo limone, 5 fili di erba cipollina e il parmigiano. Aggiungere le patate schiacciate, mescolare e condire con sale, pepe e noce moscata. Se il ripieno risulta troppo morbido, aggiungere qualche cucchiaio di pangrattato. Aprire le olive verdi e farcirle con un cucchiaino di impasto. Passarle infine prima nella farina, poi nell'uovo sbattuto e in ultimo nel pangrattato. Scaldare l'olio e friggere le olive finché non sono dorate. Scolare su carta assorbente da cucina e servire subito. Per una quarantina di olive.

Non credo di valere granché come manager domestica, poiché mi ritrovo sempre senza latte, uova o pannolini nel momento cruciale in cui non puoi farne a meno. Ciò detto, il mio amore verso i cibi "tutto-in-uno" ha a che vedere con un sano senso di praticità casalinga ereditato da chissà dove. Insomma, mi piacciono cose come questi muffin, che basta incartare e mettere nello zaino per garantire la buona riuscita di un picnic o di un pranzo al sacco. In questo caso, con il tocco marchigiano *inside...*

muffin con ciauscolo, casciotta e semi di zucca

3 uova – 100 ml di latte – 100 ml di olio extravergine d'oliva – 180 g di farina – 16 g di lievito in polvere per dolci – 80 g di casciotta di Urbino – 70 g di ciauscolo – 30 g di semi di zucca o girasole tostati

Con la frusta, sbattere leggermente le uova con il latte e l'olio. Aggiungere la farina setacciata con il lievito, la casciotta grattugiata e il ciauscolo tagliato a pezzettini. Dare una mescolata veloce e suddividere l'impasto in 9 stampini da muffin. Cospargere con i semi tostati e infornare a 180 °C per circa 25 minuti o finché i muffin non risultano gonfi e dorati. Per 9 muffin.

Panetteria

la concorrente

FOTO
GENTILI
MA CORSO

TIPICITÀ
MARCHIGIANE
CIAUSCOLO
PECORINO
PANE·COTTO
A·LEGNA
VINO·COTTO
ENOTECA

UNIONE
TIPOGRAFICA
OPERAIA

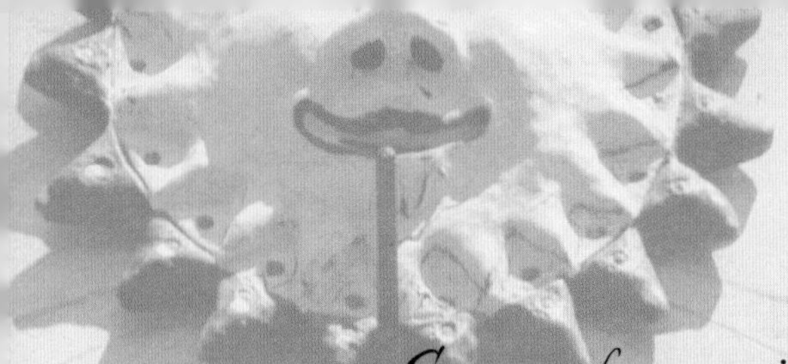

Si sarà forse capito che la pasta lunga mi piace enormemente, con una propensione speciale per le matasse vaporose dei tagliolini all'uovo sottilissimi. I maccheroncini tipici di Campofilone appartengono a quest'ultima categoria: contengono un'alta percentuale di uova, il che li rende particolarmente porosi e quindi perfetti per essere conditi con sughi ricchi, qui con un delizioso ragù "ante Columbus", insieme candido ma saporito.

maccheroncini di campofilone con ragù bianco del cortile

150 g di petto di pollo – 100 g di petto di tacchino – 150 g di polpa di coniglio – 20 g di burro – 2 spicchi d'aglio – 1 scalogno – 1 carota – 1 costa di sedano – 1 bicchiere di vino bianco – 1 rametto di rosmarino – 5 foglie di salvia – 1 fogliolina di alloro – 1 limone non trattato – noce moscata – una presa di cannella in polvere – 1 bicchiere di latte – 350 g di maccheroncini di Campofilone – sale

Frullare le tre carni insieme in modo da ottenere un macinato. In un'ampia padella, sciogliere il burro e soffriggere gli spicchi d'aglio in camicia insieme allo scalogno tritato. Quando lo scalogno è appassito, aggiungere la carota e il sedano finemente tritati e lasciar appassire. Aggiungere poi la carne e farla rosolare a fiamma alta. Sfumare con il vino, poi unire il rosmarino, la salvia tritata, l'alloro, 1 cucchiaino di scorza di limone grattugiata, una grattata di noce moscata e la cannella e lasciar cuocere per una decina di minuti. Versare infine il latte e proseguire la cottura a fuoco dolce per altri 20 minuti. In ultimo cuocere la pasta in abbondante acqua salata, scolare, suddividere nei piatti e completare con il ragù bianco. Servire subito. Per 4.

Sto riscoprendo la pasta ripiena da quando ho in casa una nana che l'apprezza molto (anche se farciti con fagiolini e pollo, i ravioli vengono spazzati via in un battibaleno), ed è vero che poche cose sono golose e danno lo stesso piacere infantile quanto un bel piatto di pasta imbottita. Ecco quindi una variante rossiniana sulle classiche lasagne e dei saporitissimi ravioli per adulti.

lasagne con ragù al tartufo

1 cipolla – 1 spicchio d'aglio – 1 carota – 1 costa di sedano – 500 g di manzo tritato – 300 ml di spumante brut – 400 g di polpa di pomodoro – 1 rametto di timo – 1 foglia di alloro – una presa di zucchero – 1 cucchiaio di burro – 2 cucchiai di farina – 500 ml di latte – noce moscata – 60 g di parmigiano grattugiato – 30 g di tartufo estivo – circa 200 g di sfoglia all'uovo per lasagne – olio extravergine d'oliva – sale e pepe

PER IL RAGÙ: tritare finemente gli odori e farli appassire con un filo di olio d'oliva. Aggiungere la carne e lasciarla rosolare a fuoco vivace. Versare lo spumante, far evaporare, poi unire la polpa di pomodoro, il timo, l'alloro, lo zucchero, sale e pepe e proseguire la cottura a fuoco basso per 20 minuti.

PER LA BESCIAMELLA: sciogliere il burro in un pentolino, aggiungere la farina, mescolare con una frusta e versare a poco a poco, sempre mescolando, il latte. Quando la salsa diventa densa, spegnere, condire con sale, pepe e noce moscata, e incorporare il parmigiano e il tartufo, finemente tritato.

Alternare infine, in una pirofila gli strati di pasta, ragù e besciamella, fino a esaurire gli ingredienti. Finire con la besciamella e infornare a 200 °C per 30 minuti. Per 4.

calcioni con ricotta, ciauscolo e noci

100 g di farina 00 – 100 g di semola – 2 uova – 200 g di ricotta fresca di pecora – 70 g di ciauscolo – 30 g di gherigli di noce – 150 g di spinacini freschi – una noce di burro – parmigiano grattugiato – sale

Impastare le farine e le uova per 10 minuti o fino a ottenere un impasto compatto e liscio. Avvolgere con la pellicola e lasciar riposare per 1 ora. Frullare la ricotta insieme al ciauscolo e metà delle noci. Aggiustare di sale, trasferire il tutto in un sac à poche. Tirare la pasta in sfoglie (con la macchinetta elettrica a spessore 7), deporre dei mucchietti di ripieno grandi quanto una noce su una prima sfoglia, coprire con una seconda, premere bene intorno al ripieno e ritagliare i ravioli. Preparare il condimento facendo appassire, in una padella capiente, gli spinaci insieme al burro. Cuocere i calcioni in acqua bollente leggermente salata per pochi minuti, scolare e insaporirli in padella insieme agli spinaci. Servire con le noci rimanenti e una spolverata di parmigiano grattugiato. Per 4.

calcioni con ricotta, ciauscolo e noci

lasagne con ragù al tartufo

Se riporto qui la ricetta del pollo 'ncip 'nciap è, devo proprio confessarlo, perché prima di qualsiasi altra cosa mi piace da morire il nome della ricetta... Nome di origine onomatopeica, immagino, che forse si riferisce al rumore del coltello che trincia il pollo a pezzi. È molto simile, ma solo nel nome, a un piatto tipico bruxellese, il *kipkap*, con cui ha come unico comune denominatore quello della carne tagliata al coltello. Per il resto il pollo 'ncip 'nciap mi sembra decisamente molto "italico", nel senso che mia suocera calabrese lo cucina in modo assai simile e, tutto sommato, anche il pollo alla romana della Sora Lella non era molto diverso. Da cui l'abbinamento con i peperoni ("che er pollo coi peperoni è speciale"...), sperando che i puristi mi perdonino.

pollo 'ncip 'nciap con peperoni

2 rametti di rosmarino – 1 peperoncino piccante – 4 spicchi d'aglio – 1 pollo a pezzi – 1 bicchiere di vino bianco – 3 peperoni – 230 ml di olio extravergine d'oliva – sale e pepe

In una casseruola di ghisa, scaldare 200 ml di olio d'oliva insieme al rosmarino, il peperoncino finemente tritato e gli spicchi d'aglio in camicia. Aggiungere il pollo e farlo rosolare mescolando regolarmente. Quando è dorato, versare il vino e lasciarlo sfumare a fuoco medio-alto, poi proseguire la cottura per circa 30 minuti o finché la carne non risulta morbida. Nel frattempo lavare i peperoni, eliminare i semi e i filamenti bianchi e tagliarli a listarelle larghe 3 cm. Metterli ad appassire in una padella con un filo d'olio d'oliva, mescolando di tanto in tanto, fino a quando non diventano morbidi. Infine, una volta che il pollo risulta cotto, aggiungere i peperoni nella casseruola, dare una buona rimescolata e servire. Per 4.

Sapa

I fanciulli gridando
Su la piazzuola in frotta,
E qua e là saltando,
Fanno un lieto romore:

Ape50
ITALIA
X2F
D6H

Soste golose e non: a Macerata l'Osteria dei Fiori per piatti semplici ma curati e ispirati alla tradizione; a Recanati l'Osteria di Via Leopardi per un tagliere di salumi locali; per dormire, invece, l'ottimo Hotel San Claudio a pochi chilometri da Macerata; da non perdere poi, sempre a Macerata, la rievocazione storica della trebbiatura a fine giugno.

Ho come il sospetto che la crostata di crema e ricotta sia alquanto diffusa in molte parti d'Italia – del resto, assomiglia un po' alla pastiera napoletana – solo che io l'ho assaggiata per la prima e unica volta proprio nelle Marche. Mi era piaciuta molto, ed era giocoforza che elaborassi una versione "mia", correggendo però il ripieno con un leggero tocco, molto marchigiano, di anice. Il risultato ha allietato diversi miei pranzi della domenica e, chissà, forse presto anche i vostri...

crostata di crema e ricotta al mistrà

PER LA FROLLA: 200 g di farina – una presa di sale – 75 g di zucchero a velo – 75 g di burro – 2 tuorli
PER LA CREMA: 250 ml di latte – 1 bacca di vaniglia – 3 tuorli – 150 g di zucchero – 2 cucchiai di farina – 300 g di ricotta vaccina – 150 ml di mistrà – 2 albumi

PER LA FROLLA: frullare insieme la farina, il sale, lo zucchero, il burro e i tuorli, fino a quando gli ingredienti non sono amalgamati. Aggiungere 2-3 cucchiai d'acqua fredda per volta e spegnere quando l'impasto forma una palla, avvolgere nella pellicola e mettere in fresco.

PER LA CREMA: in una casseruola, portare a ebollizione il latte con la bacca di vaniglia incisa nel senso della lunghezza, poi estrarre i semini con un coltello ed eliminare la bacca. A parte, sbattere i tuorli con metà dello zucchero e la farina, aggiungere il latte caldo e mescolare bene con la frusta. Trasferire di nuovo il tutto nella casseruola e scaldare mescolando fino a quando la crema non si è addensata. Lasciare raffreddare. Nel frattempo lavorare la ricotta a crema con il resto dello zucchero e il mistrà, quindi unire la crema alla vaniglia raffreddata. Infine montare a neve gli albumi e incorporare delicatamente anche questi. Stendere la pasta frolla a 2-3 mm di spessore, rivestire uno stampo da crostata di 22 cm di diametro e riempire con la crema. Stendere gli avanzi di frolla e ritagliare delle strisce da disporre sulla crema intrecciandole. Infornare a 180 °C per 45 minuti o finché la crostata non è dorata.

Lasciar raffreddare completamente prima di sformare.

"Il cielo sereno, le vie dorate"

sono le parole di Leopardi che più di ogni altra rendono l'atmosfera delle Marche. Conoscevo un pochino questa regione per aver passato una vacanza estiva, tanti anni fa, fra Ancona e il Conero. È stato uno dei miei primissimi soggiorni in Italia e se vi chiedete come mai si possa scegliere, prima ancora di vedere Roma, Firenze o Napoli, la costa anconetana (senza nulla toglierle), posso solo dire in mia difesa che quell'anno la meta era stata selezionata puntando il dito su una cartina dell'Italia. ("Ancona? Chissà cosa c'è lì? Be', andiamo a scoprirlo!") Visitai quindi un pezzetto di costa marchigiana, passai un buon numero di mattinate ad arrostire in spiaggia e di serate a provare osterie tipiche e, nell'insieme, quella vacanza un po' fuori dagli schemi mi lasciò un ottimo ricordo.

Anni dopo fu la volta di Senigallia, dei bocconcini crudi e audaci di Moreno Cedroni e della verve culinaria impastata di tradizione di Mauro Uliassi (fra parentesi, la sua bianca veranda di legno, con quel semplice e insieme spettacolare affaccio sulla spiaggia di Senigallia, è un luogo perfetto per mangiare, sì, ma anche semplicemente per respirare e guardare l'orizzonte). Poi fu il turno di Pesaro e Fano, dove studiai con interesse quel misto fra mare ed eco romagnoli, sorseggiando aperitivi davanti al sole che tramontava su Riccione e intrufolandomi nelle cucine in cui robuste signore marchigiane stendevano piade opulentemente sfogliate con lo strutto. Servite poi insieme a un'infinità di salumi leggeri come foglie e petali, dal sapore però deciso.

Ma in tutto ciò mi rimaneva un dubbio: che cosa c'era nell'entroterra, cosa si nascondeva lì dietro, una volta che il mare scompariva alle spalle delle colline?

Alla fine mi decisi, e durante uno dei

fine settimana più bollenti dell'anno intrapresi il mio viaggio verso Macerata. Partimmo, io e la mia famigliola, con il sorriso: ci avevano promesso bellezza, integrità, persino ecologia. Il nostro albergo si trovava in un vecchio monastero, appena fuori città, in fondo a un lungo viale fiancheggiato da cipressi e denso d'ombra, una frescura deliziosa in quel pomeriggio dalle temperature roventi. In albergo, vaporose peonie sonnecchiavano nella penombra dei corridoi, sui ripiani di marmo sovrastati da specchi antichi. Sotto il campanile del monastero due grandi tigli avevano steso un letto di foglie e fiori secchi, profumando discretamente tutto il cortile.

Eravamo forse un po' soli in quella campagna. Era tempo di trebbiatura, sicché coloro che non erano scappati al mare si trovavano al lavoro nei campi. Camminammo per paesini vuoti, incrociando al massimo il prete, la domenica mattina, o qualche signora seduta fuori della porta di casa che ci scrutava quasi fossimo due alieni e mezzo. E mentre camminavamo su e giù per strade e viuzze sotto un sole implacabile, cercando refrigerio negli angoli delle vie dorate, rileggemmo i versi di Leopardi meditando sulla poesia del tempo che non torna e sorridendo davanti alla torre del passero solitario invasa dai piccioni. E ovviamente abbiamo mangiato un bel po' di cose buone. Ma fra tutti, il ricordo più significativo è lì, in quella lunga lunghissima striscia di asfalto che tira dritto fra due file di cipressi, dove al calar della sera, quasi senza che uno se ne accorga, si accendono, uno a uno, disinvolti e commoventi, dei puntini luminosi che si muovono lenti sullo sfondo scuro degli alberi. Lucciole. Le stesse che hanno fatto meravigliare tutti noi, da piccolini, e che da allora non si erano più viste. Ecco, il mio incontro con le Marche si raccoglie lì, in quelle fievoli luci che ballano piano nel tepore che sa di grano trebbiato.

Date le temperature e l'atmosfera che ho trovato girando per le Marche, proporrei un dolcetto di quelli che tanto piacciono a me, ovvero della categoria sciué sciué. Questa è una crostata che mi piace improvvisare d'estate, facilissima da preparare e che si presta per qualsiasi circostanza. Chiaramente la frutta può variare, basta che sia a nocciolo e ben matura, e si possono anche aggiungere dei frutti rossi. Una piccola quantità di farina di mais dà infine un che di croccante all'involucro, in contrasto con il ripieno morbido.

una crostata di mezza estate (con pesche, ciliegie e rosmarino)

130 g di farina 00 – 65 g di farina di mais fioretto – 2 cucchiai di zucchero di canna – mezzo cucchiaino di sale – 110 g di burro – 4 pesche – 200 g di ciliegie – mezzo limone – 1 cucchiaio di grappa – 1 rametto di rosmarino

Versare le farine nel mixer, aggiungere 1 cucchiaio di zucchero di canna, il sale, il burro freddo tagliato a cubetti e frullare il tutto. Sempre frullando, aggiungere 1 o 2 cucchiai di acqua fredda, in modo da raccogliere l'impasto in una palla. Avvolgerlo nella pellicola e tenere al fresco per 2 ore. Lavare le pesche, tagliarle a fettine e sistemarle in una ciotola insieme alle ciliegie snocciolate, poi incorporarvi 2 cucchiai di succo di limone, la grappa, 1 cucchiaino di foglioline di rosmarino tritate e lo zucchero di canna rimanente.

Infine, stendere l'impasto in un cerchio dello spessore di 3 mm, versare la frutta al centro, ripiegare i bordi, disporre su una placca rivestita di carta da forno e infornare a 180 °C per 30 minuti. Ottima tiepida, eventualmente anche accompagnata con gelato alla vaniglia. Per 4.

in costiera

La parola "costiera", che sia amalfitana o sorrentina, fa sognare tutti. Me compresa. E in fondo è così facile rimanere rapiti e meravigliati alla vista di questo pezzetto di orlo d'Italia. Basta starsene lì, circondati dal mare, il Vesuvio aureolato di vapore acqueo e il cielo sereno, in uno scenario che pare davvero "blu dipinto di blu", e ogni forma di resistenza diventa perfettamente inutile. Guarda caso, è proprio in questo territorio sospeso in uno stato di grazia perenne che nascono alcuni dei prodotti e dei piatti – solari, schietti, immediati e godibilissimi – che hanno fatto la fama dell'Italia nel mondo. Ce n'è abbastanza per farci venire un dubbio metafisico: se Dio esiste, può vivere altrove che in costiera?

I babà salati, assaggiati per la prima volta in una favolosa e fornitissima gastronomia di Vico Equense, sono stati per me un'autentica scoperta. Meditando, poi, su come preparare qualcosa di simile, io e la mia amica Daniela siamo giunte alla conclusione che la bontà superlativa di quei babà ripieni di pezzetti di formaggio, salame e prosciutto, era probabilmente dovuta al fatto che i gestori vi riciclavano, giustamente, i loro eccelsi avanzi. L'idea di mettere le patate nell'impasto è di Daniela, io ho aggiunto la lunga lievitazione: le due cose insieme garantiscono una mollica morbida e leggera, di quelle spettacolari.

babà deliziosamente salati

5 g di lievito di birra fresco – 150 ml di latte – 250 g di farina – 125 g di patate lesse – 50 g di burro fuso – 1 uovo – 1 cucchiaio di parmigiano grattugiato – 100 g di formaggio (provola stagionata, Castelmagno, formaggi d'alpeggio, quello che avete) – 50 g di ottimo prosciutto crudo con il grasso

Diluire il lievito nel latte appena tiepido, poi versare il tutto sulla farina. Aggiungere le patate schiacciate, il burro fuso, l'uovo, il parmigiano e iniziare a impastare. Dopo qualche minuto unire il formaggio tagliato a dadini piccolissimi e il prosciutto tritato al coltello. Lavorare in modo da ottenere un impasto elastico che non sia colloso ma nemmeno troppo compatto. Sistemarlo in una ciotola, coprire con la pellicola e tenere in frigorifero per una notte intera. L'indomani, impastare di nuovo su una superficie infarinata, poi dividere l'impasto in 12 porzioni, formare delle palline e sistemarle negli stampini da babà (5 cm di diametro) imburrati. Lasciare lievitare per 2 ore e mezza, o fino a quando l'impasto non raggiunge il bordo degli stampini. Una volta lievitati, infornare a 180 °C in forno già caldo per circa 30 minuti o finché i babà non risultano gonfi e dorati. Sfornare, lasciare intiepidire e togliere delicatamente i babà dagli stampini. Per 12 piccoli babà.

La pizza, in costiera così come nel resto della Campania, è cosa poco meno che sacra. E infatti, visto che quella che si mangia qui non si riesce a trovare da nessun'altra parte. Lungi da me, quindi, voler fare l'iconoclasta, anzi ho abbandonato da tempo qualsiasi pretesa pizzaiola, ma in onore dell'inarrivabile pizza napoletana propongo due ricettine facili e giocose: pizze grigliate da condire a gogò e pizzette fritte da mangiare come caramelle.

pizza grigliata alla puttanesca

400 g di farina – 1 cucchiaino di sale – 1 cucchiaino di zucchero – 10 g di lievito di birra fresco – 4 cucchiai di passata di pomodoro – 10 pomodorini – circa 20 olive nere di Gaeta – 1 cucchiaio di capperi sotto sale – 10 filetti di acciuga sott'olio – basilico, per decorare – olio extravergine d'oliva

Mescolare la farina con il sale e lo zucchero. Far sciogliere il lievito in 150 ml di acqua tiepida, versare sulla farina, aggiungere 2 cucchiai di olio e lavorare il tutto fino a ottenere un impasto elastico e piuttosto morbido, appena colloso. Coprire e lasciare lievitare per 1 ora e mezza. Dividere l'impasto in 10 porzioni e stendere ognuna in un disco di mezzo centimetro di altezza. Scaldare la griglia. Spennellare i dischi su entrambi i lati con poco olio d'oliva e metterli sulla griglia calda. Quando saranno cotti da un lato, girarli e finirli di cuocere dall'altro premendo un po'. Aggiungere su ogni pizzetta 1 cucchiaino di passata, 1 pomodorino affettato, un paio di olive e un po' di capperi dissalati. Finire con qualche pezzetto di acciuga, un filo di olio d'oliva e qualche fogliolina di basilico. Servire subitissimo. Per una decina di pizzette.

pizzette fritte pomodoro e basilico

400 g di farina – 1 cucchiaino di sale – 1 cucchiaino di zucchero – 10 g di lievito di birra fresco – 2 cucchiai di olio extravergine d'oliva – olio per friggere
PER LA SALSA: 200 ml di passata di pomodoro – 2 rametti di basilico – 1 spicchio d'aglio – sale – 1 cucchiaio di olio extravergine d'oliva

Impastare la pasta della pizza (come da ricetta precedente) e, mentre lievita, preparare la salsa: scaldare a fuoco dolce la passata insieme al basilico, l'aglio in camicia, una presa di sale e l'olio d'oliva. Dopo 10 minuti spegnere e scartare il basilico e l'aglio.
Infine, con il matterello e su una superficie infarinata, stendere l'impasto a 2 cm di spessore e ritagliare le pizzette con un tagliapasta di 2,5 cm di diametro. Lasciare riposare per 10 minuti. Scaldare l'olio per friggere e tuffare le pizzette nell'olio bollente. Mescolare di continuo mentre le pizzette si dorano prendendo una forma sferica. Scolare su carta da cucina e servire subito insieme alla salsa. Per una cinquantina di mini pizzette.

pizza grigliata alla puttanesca

pizzette fritte pomodoro e basilico

ALIMENTARI
Celentano

Soste golose e non: la pizza a metro a Vico Equense per un'esperienza unica; la gastronomia La Tradizione, sempre a Vico, nella frazione di Seano, per il prosciutto e i formaggi migliori della zona e tante storie in più; Don Alfonso per un soggiorno da sogno e la Torre del Saracino per le ottime creazioni di Gennaro Esposito.

In Campania si registra ciò che credo sia l'unico caso nazionale di utilizzo delle alghe in una ricetta tradizionale italiana. Qui si fanno infatti le zeppole 'a mare che contengono, non so per quale motivo, la lattuga di mare, che è appunto un'alga. Da felice mangiatrice di alghe in tutte le salse (dovevo essere giapponese in un'altra vita) ho colto l'occasione per rivisitare un classico campano, e ne è venuta fuori questa ricetta, che piace persino a mia figlia di un anno. A casa servo questo gatò per le cene infrasettimanali, insieme a un'insalata fresca e croccante.

gatò di patate con scamorza affumicata e lattuga di mare

1 kg di patate – 70 g di burro – 50 g di parmigiano grattugiato – 2 uova – 150 g di treccione o scamorza affumicata – 4 cucchiai di lattuga di mare in fiocchi – sale – noce moscata – pangrattato

Lessare le patate intere poi sbucciarle e schiacciarle. Aggiungere 50 g di burro, il parmigiano, 2 tuorli, il formaggio tagliato a dadini piccoli, le alghe, una presa di sale e una grattata di noce moscata. Mescolare accuratamente in modo che gli ingredienti si amalgamino bene. Montare a neve gli albumi e incorporarli delicatamente al composto di patate. Imburrare uno stampo di 22 cm di diametro e spolverarlo con del pangrattato, poi riempirlo con il composto di patate, livellare la superficie e cospargere con un po' di pangrattato e qualche fiocchetto di burro. Infornare a 180 °C per 40 minuti o finché la superficie del gatò non è dorata. Servire tiepido. Per 6.

Ho "inventato" questa pasta un giorno che avevo tanta fame e poco o nulla di fresco in cucina, tranne, appunto, una mozzarella di quelle buone e un cesto di limoni. Da una mera associazione di idee – oltre che da un incrocio con il romanissimo "burro e acciughe" – ne viene fuori un piatto semplice dai sapori molto netti, contrastati, e quindi decisamente stuzzicante. Quando mi capitano sotto mano, questi scialatielli tipici di Amalfi mi piacciono conditi così, anche perché l'aspetto "scapigliato" che danno al piatto finito mette subito allegria. Inutile dire che va bene anche qualsiasi pasta lunga di grano duro.

scialatielli con burro, acciughe, mozzarella e limone

2 cucchiai di burro – 8 acciughe sott'olio – 1 limone di Amalfi non trattato – 300 g di scialatielli (o linguine o spaghetti) – colatura di alici – 120 g di mozzarella di bufala – 4 bocconcini di bufala – sale e pepe

In una padella capiente scaldare a fuoco dolce il burro insieme alle acciughe e mescolare fino a quando non si disfano del tutto. Aggiungere la scorza grattugiata del limone. Cuocere la pasta in acqua leggermente salata, scolarla al dente e versarla nella padella con burro e acciughe. Unire 1 cucchiaio di succo di limone e, se piace, 1 cucchiaino di colatura di alici. Far insaporire per 1 minuto. Spegnere e aggiungere pezzettini di mozzarella strappata a mano, dare una mescolata e distribuire la pasta nei piatti. Completare con un bocconcino a testa e una generosa macinata di pepe nero. Per 4.

Per uno straniero la prima volta in costiera non si scorda mai... Quella volta per me fu un giorno di un po' di anni fa, quando dovetti recarmi a Massa Lubrense per un matrimonio. Credo che non avessi nemmeno verificato la collocazione precisa della mia destinazione su una mappa: semplicemente, seguendo le istruzioni che mi erano state fornite, avevo preso il treno per Napoli e poi la Circumvesuviana, che meriterebbe un capitolo a sé. Faceva caldo, era estate, o quasi, e il trenino stantio che mi portò, sbuffando, fino a Massa aveva senz'altro conosciuto tempi migliori. Nel mio vagone c'erano prevalentemente ragazzi napoletani – adolescenti vestiti di shorts e infradito che schiamazzavano in dialetto – bambini che si arrampicavano sui sedili, mamme esaurite che custodivano il picnic per l'intera famiglia, tutta gente palesemente diretta al mare. Fuori dai finestrini coperti di graffiti iniziavano a sfilare paesaggi da cartolina: limoni, pareti rocciose, scorci di mare di un colore intensissimo. Per quanto scomodo il trenino, quell'aria salubre e salina di vacanza estiva rendeva il viaggio allegro. Nel mentre si scartavano panini al salame, in un notevole contrasto tra dentro e fuori...

Un po' intontita arrivai a Massa e presi un taxi per la villa in cui si sarebbe tenuta la cerimonia. La sposa era nella sua stanza che veniva truccata, in cucina i cuochi si indaffaravano intorno a montagne di ostriche, e feci giusto in tempo a veder sbarcare, dal camioncino refrigerato, la torta nuziale: tre piani di pan di spagna al limone ricoperta di pasta di zucchero color panna e rosa pastello. Nell'attesa, feci due passi sulla terrazza che dava sul mare, dove poi avrebbe avuto luogo la cena. C'era una leggera brezza marina. Il silenzio era assoluto, a parte ogni tanto il tintinnio dei calici pronti su grandi vassoi. Gli ombrelloni fremevano, leggeri, insieme al vento. Mi affacciai e di fronte a me, immersa nei blu carichi e accecanti del Mediterraneo e del cielo, che erano quasi della stessa tonalità, c'era un'isola che mi guardava, pacata. Capri. Così mi ritrovai in un faccia a faccia surreale: io, il blu e lei, l'isola mitica, inaspettata e così vicina quasi da poterla toccare allungando le dita. Quel giorno ho intuito perché la costiera fa innamorare italiani e stranieri, di un amore devoto e infinito.

Tutte le volte che sono tornata, la maggior parte in costiera sorrentina, ho continuato a trovare incredibile questo imponente e religioso scambio che si vive con gli elementi, l'acqua, il cielo, e persino il Vesuvio, anche lui blu nel blu... Io che sono una contemplativa dell'acqua vivrei così, con il naso sul mare, sempre, beata. E poi è delizioso veder scorrere i limoneti lungo la strada, fare colazione guardando l'orizzonte azzurro, perdersi nelle stradine bianche di Amalfi sgranocchiando manciate di gelsi o osservare la costiera da lontano, dal coperto di una barca che dondola pigra sull'acqua scintillante. E anche qui, come spesso nei miei luoghi di predilezione, c'è a portata di mano un bendiddio: dalla pasta di Gragnano ai limoni che crescono ovunque, dalle mozzarelle alla pizza che come qui non la fanno da nessuna parte, per non dire dei formaggi stagionati, dei gelati, dei dolci... A pensarci bene è ovvio: materie prime che nascono in un simile contesto divino non possono che essere superlativamente buone.

Tutto ma proprio tutto mi piace di questa ricetta, a partire dal nome così gioioso... L'acqua pazza altro non è che un brodino d'acqua, pesce e pomodoro. Era una ricetta povera dei pescatori campani, un modo per procurarsi con poche materie prime un po' di brodo saporito nel quale intingere il pane. Anche se oggi la si prepara con pesci pregiati, a me l'acqua pazza piace così, un brodo leggero che però – ed ecco la genialità che scaturisce dal bisogno – raccoglie tutti gli umori saporiti del pesce che ci avrete cotto dentro. La mia ricetta è suppergiù quella che mi è stata raccontata da Gino Pesce, patron di un ristorante di Ponza che si chiama, indovinate un po', Acquapazza.

l'acqua pazza

2 spicchi d'aglio – olio extravergine d'oliva – 1 spigola o 1 pezzogna di circa 800 g, freschissima e pescata nel Mediterraneo – 1 bicchiere di vino bianco – circa 10 pomodorini belli polposi (o 4 pomodori San Marzano maturi) – peperoncino a scaglie – prezzemolo – sale – pane abbrustolito

In una pentola far soffriggere gli spicchi d'aglio interi con un filo di olio d'oliva. Aggiungere il pesce, pulito ed eviscerato, e farlo soffriggere brevemente su entrambi i lati. Sfumare con il vino a fuoco vivace e versare poi 3-4 mestoli d'acqua, unendo anche i pomodorini spezzettati con le mani, una presa di peperoncino e un po' di prezzemolo tritato. Aggiustare di sale e far cuocere il tutto per 15-20 minuti, a seconda della grandezza del pesce. Dopo questo tempo, togliere il pesce dall'acqua pazza e lasciar cuocere il brodo per altri 5-10 minuti. Infine sfilettare il pesce e servirlo nella zuppa con fette di pane abbrustolito. In alternativa si può servire il pesce a parte, come secondo. Per 2.

L'acqua pazza si presta anche come condimento della pasta: scolare la pasta a metà cottura, riversarla in un tegame e portarla a cottura aggiungendoci man mano mestolini di acqua pazza.

Innanzitutto, se non vivete da Roma in giù è possibilissimo
che non abbiate idea di cosa sia il pesce spatola (o sciabola). È un pesce piuttosto scenografico (le prime volte che lo vidi al mercato di Palermo rimasi impressionata per via della forma allungata a nastro argentato, il becco e la sfilza di denti), ma soprattutto ha una carne delicata e davvero molto buona. Questa ricetta cerca di riproporre un deliziosissimo "sandwich" di pesce sciabola e mozzarella mangiato qualche anno fa da Gennaro Esposito, nel suo ristorante Torre del Saracino a Vico Equense. Se non trovate il pesce sciabola (non sapete cosa vi perdete), provatene un altro a polpa bianca e delicata.

parmigiana di pesce spatola

1 pesce spatola – 150 g di mozzarella di bufala – 4 rametti di basilico – 400 g di pomodori pelati in scatola – 1 spicchio d'aglio – 1 melanzana – origano – farina – 2 uova – olio per friggere – olio extravergine d'oliva – sale

Tagliare il filetto del pesce in modo da ottenere 8 pezzi lunghi circa 10 cm (conservare il resto del pesce per altri usi), poi incidere ogni filetto, sul lato della pelle, con leggere linee verticali distanti 1 cm una dall'altra. Affettare sottilmente la mozzarella e comporre i sandwich inserendo tra 2 filetti qualche fettina di mozzarella e 1 fogliolina di basilico. Avvolgere ogni sandwich ottenuto con pellicola per alimenti, appiattirlo leggermente con il batticarne e conservare il tutto al fresco. Preparare una salsa al pomodoro cuocendo i pelati per 10 minuti con un filo di olio d'oliva, una presa di sale, un po' di basilico e l'aglio in camicia. Lavare la melanzana, tagliarla a dadini piccolini e farli dorare in padella con un filo di olio d'oliva; poi condire con una presa di sale e un po' di origano essiccato. Riprendere infine il pesce, passarlo nella farina poi nelle uova sbattute e friggere nell'olio bollente. Quando i sandwich sono dorati, scolarli su carta da cucina. Per servire, distribuire in ogni piatto una cucchiaiata di salsa di pomodoro, aggiungere 3 cucchiai di dadini di melanzane e completare con il sandwich di pesce e mozzarella, finendo con qualche fogliolina di basilico. Servire subito. Per 4.

Che le melanzane si potessero sposare con il cioccolato è una cosa che ho imparato da Alfonso Iaccarino, il quale ha rivisitato una vecchia tradizione campana (a Sorrento, per Ferragosto, si usa preparare delle melanzane fritte ripiene al cioccolato) facendone un piatto leggero, stuzzicante ed elegantissimo, a strati. È stata la mia amica Keiko (www.nordljus.co.uk) a trasformare il tutto in profiteroles, questa è la mia versione…

profiteroles con ricotta, melanzane e cioccolato bianco

PER I BIGNÈ: 50 g di burro – una presa di sale – 1 cucchiaino di zucchero – 65 g di farina – 2 uova
PER IL RIPIENO: 50 g di melanzana – olio extravergine d'oliva – 200 g di ricotta – 2 cucchiai di zucchero – latte – 50 g di cioccolato bianco – 4 foglioline di basilico
PER LA GLASSA: 100 g di cioccolato fondente al 70% – 100 ml di panna fresca

PER I BIGNÈ: portare a ebollizione 100 ml d'acqua con il burro, il sale e lo zucchero. A ebollizione raggiunta, togliere dal fuoco e unire in una volta sola la farina, mescolando bene con la frusta in modo da evitare la formazione di grumi. Rimettere la pentola sul fuoco e mescolare con una spatola per 2 minuti per far sì che l'impasto si asciughi un po'. Lasciar raffreddare completamente, poi incorporare le uova una alla volta (se avete una planetaria potete usarla con l'attacco a foglia). Trasferire il composto in un sac à poche e formare, in una placca foderata con carta da forno, dei mucchietti grandi quanto una piccola noce. Infornare a 220 °C per 15 minuti, poi abbassare la temperatura a 190 °C e proseguire la cottura per altri 10 minuti. Lasciar raffreddare completamente i bignè.

PER IL RIPIENO: tagliare la melanzana a dadini piccolissimi e farli saltare in padella con un filo di olio d'oliva per un paio di minuti. Con una forchetta, lavorare la ricotta insieme allo zucchero in modo da ottenere una crema. Aggiungere eventualmente un goccio di latte. Incorporare il cioccolato tritato finemente al coltello, i dadini di melanzana e il basilico tritato. Mescolare bene e usare per farcire i bignè tagliati a metà.

PER LA GLASSA: scaldare a bagnomaria il cioccolato insieme alla panna e mescolare fino a ottenere un composto liscio e brillante. Versare circa 1 cucchiaio di glassa al cioccolato su ogni bignè al momento di servire. Per 24 profiteroles.

I limoni sono senz'altro in cima alla mia classifica personale della frutta, ne amo il sapore fresco e quasi pungente nei dolci e li uso spessissimo per dare un tocco acidulo alle preparazioni salate. Insomma, stanno bene un po' ovunque e così a casa mia tutto può mancare ma senza limoni proprio no, non si cucina! Ecco due dolci molto limonosi, il primo strizza l'occhio alla torta caprese, senza cioccolato ma al suo posto il limone intero, il secondo è un ottimo alleato per prendere per la gola la vostra quasi-suocera...

torta di limoni e mandorle

2 limoni di Amalfi non trattati – 220 g di zucchero – 65 g di burro – 5 uova – 275 g di farina di mandorle – 2 cucchiaini di lievito in polvere per dolci – zucchero a velo

Grattugiare la scorza dei limoni lavati, poi immergerli in una pentola d'acqua, portare a ebollizione e far cuocere per 30 minuti finché non sono teneri. Aprirli, eliminare i semi e frullarli in modo da ottenere una crema. A parte sbattere lo zucchero insieme al burro morbido, aggiungere le uova incorporandole una per volta. Unire infine la farina di mandorle, il lievito, la scorza e la crema di limoni. Mescolare bene e versare in uno stampo di 21 cm di diametro. Infornare a 160 °C e far cuocere per 1 ora. Lasciare raffreddare completamente e, prima di servire, spolverare con un po' di zucchero a velo. Per 8.

soufflé ghiacciati al limone

3 limoni di Amalfi non trattati – 4 tuorli – 170 g di zucchero – 2 cucchiai di limoncello – 300 ml di panna fresca – qualche fragolina di bosco per decorare

Lavare i limoni, grattugiarne la scorza poi spremerli. In un pentolino, sbattere i tuorli con 120 g di zucchero, il succo di limone e il limoncello. Mettere sul fuoco a fiamma alta e sbattere per 5 minuti. Abbassare la fiamma e mescolare con una spatola finché la crema non si addensa. Togliere dal fuoco, unire la scorza e lasciare intiepidire. Montare infine la panna freddissima aggiungendo lo zucchero rimanente. Incorporarla delicatamente al composto al limone. Rivestire 6 coppette da 150 ml con una striscia di carta da forno, in modo che la carta superi il bordo dei recipienti di qualche centimetro e fissarla con un giro di spago. Riempire con la preparazione superando il bordo di 1 cm poi trasferire i soufflé nel congelatore per 6 ore. Prima di servire lasciare a temperatura ambiente per 5 minuti e decorare con le fragoline di bosco. Per 6.

soufflé ghiacciati al limone

torta di limoni e mandorle

mandorle e mulinciane

Ci vorrebbe ben altro che un capitolo o un libro per raccontare la Sicilia e quanto i suoi sapori, colori e profumi siano fonte d'ispirazione inesauribile, nella vita e in cucina. Senza alcuna pretesa di esaustività quindi, ecco un po' di giochi, impressioni e ricordi intorno ad alcuni ingredienti più rappresentativi della Sicilia che piace a me, dalle mandorle alle mulinciane (melanzane), passando per il cous cous.

Ho conosciuto le scacce a un pranzo improvvisato a casa di Arianna Occhipinti, e di primo acchito non mi avevano suscitato alcun entusiasmo: discrete se non insignificanti, avvolte com'erano nell'umile carta del fornaio del paese, non si capiva nemmeno bene cosa fossero. Di fatto sono delle focacce (da qui la parola "scaccia") preparate con un impasto steso molto sottile, spalmate di condimento e quindi chiuse a portafoglio. Sono in qualche modo l'equivalente dello strudel salato, ma in salsa siciliana. Ma soprattutto: non fatevi ingannare dal loro aspetto così modesto, sono veramente buonissime.

scacce con cipolla rossa, olive e ricotta

5 acciughe sott'olio – 2 grandi cipolle rosse – 2 cucchiai di capperi sotto sale – circa 20 olive nere – origano secco – 1 limone non trattato – 250 g di ricotta – 6 g di lievito di birra fresco – 500 g di farina di grano duro – 100 ml di vino bianco – olio extravergine d'oliva – sale e pepe

PER IL RIPIENO: in una padella, scaldare un filo di olio d'oliva insieme alle acciughe e mescolare fino a quando non si sciolgono. Aggiungere le cipolle ridotte a fettine di mezzo centimetro, i capperi dissalati, le olive grossolanamente tritate, 1 cucchiaino scarso di origano e un po' di scorza di limone grattugiata. Lasciar cuocere il tutto a fuoco medio per 10 minuti, poi salare e pepare. Togliere dal fuoco e unire la ricotta mescolando bene. Tenere da parte.

PER LE SFOGLIE: sciogliere il lievito in mezzo bicchiere di acqua tiepida. Disporre la farina a fontana, versare in mezzo l'acqua con il lievito, 100 ml di olio d'oliva, 2 cucchiai di succo di limone e il vino. Iniziare a impastare e aggiungere qualche cucchiaio di acqua in modo da ottenere un impasto liscio ed elastico. Impastare per 10 minuti. Senza farlo riposare, dividere l'impasto in tre porzioni e stenderle con il matterello in sfoglie sottili grandi circa 40 x 30 cm.

Spalmare su ogni sfoglia un terzo del ripieno, piegare i lembi verso il centro e infine piegare una metà sopra l'altra, a portafoglio. Premere un po' e sistemare le tre scacce l'una accanto all'altra su una placca da forno. Spennellare con un po' di olio d'oliva, bucherellare la superficie con i rebbi di una forchetta e infornare a 200 °C per circa 30 minuti o finché le scacce non sono dorate.

Non c'è sicuramente bisogno di ribadire che la Sicilia è anche terra di cous cous, cosa che alle prime mi aveva piuttosto sorpresa. Due edizioni di intensi festeggiamenti inter-mediterranei a San Vito mi hanno invece convinta a dovere che il cous cous in Italia ha un suo perché, come no! Ecco quindi due ricette fredde che richiamano l'insalata di cous cous marocchina. La prima versione, ricordando proprio il senso di fratellanza del Cous Cous Fest, strizza l'occhio al Medio Oriente, mentre la seconda profuma intensamente di pesto trapanese.

insalata di cous cous con melanzane e agnello

200 g di semola di cous cous precotta – 40 g di pinoli – 1 spicchio d'aglio – 150 g di carne di agnello macinata – cumino – 1 melanzana – 5 rametti di menta fresca – 1 limone – olio extravergine d'oliva – sale

Aggiungere, alla semola cruda, una presa di sale, 1 cucchiaino di olio d'oliva e 2 bicchieri di acqua calda. Coprire e lasciar gonfiare per 15 minuti. Nel frattempo, far soffriggere in 1 cucchiaio d'olio i pinoli, l'aglio tritato e la carne. Salare e aggiungere una punta di cumino in polvere. Quando la carne sarà rosolata, unire la melanzana tagliata a cubetti e cuocere il tutto per 10 minuti. Spegnere e lasciar intiepidire. Unire infine la carne al cous cous cotto, condire con la menta tritata e 2 cucchiai di succo di limone. Aggiustare di sale e servire. Per 4.

insalata di cous cous alla trapanese

300 g di pomodorini – 2 spicchi d'aglio – un mazzetto di basilico – 40 g di pistacchi – 40 g di mandorle spellate – 100 ml di olio extravergine d'oliva – 200 g di semola di cous cous precotta – 1 limone – sale

Frullare i pomodorini con l'aglio privato del germe, il basilico, i pistacchi, le mandorle e una presa di sale. Aggiungere, sempre frullando, l'olio d'oliva. Spegnere prima di ottenere una crema omogenea. Versare il pesto trapanese sul cous cous crudo. Aggiungere 2 cucchiai di succo di limone e 1 bicchiere d'acqua. Mescolare bene, ricoprire con la pellicola e tenere al fresco per 3-4 ore. Trascorso questo tempo, mescolare, aggiustare di sale e servire. Per 4.

insalata di cous cous con melanzane e agnello

insalata di cous cous alla trapanese

In qualsiasi circostanza mi trovi, la primissima cosa che faccio quando arrivo a Palermo è andare a mangiare un panino con le panelle (possibilmente da Franco U 'Vastiddaru in corso Vittorio Emanuele). Se poi dentro alla mafalda al sesamo, insieme alle panelle ci stanno anche le melanzane fritte grondanti di olio – un abbinamento superclassico – il momento è di pura estasi. Ecco una versione un pochino più dietetica del mio panino preferito: la farina di ceci migra nel panino stesso mentre la melanzana fa finta di essere una bistecca.

mcpalermo's

200 g di farina di ceci – 100 g di farina di grano duro – 150 g di farina manitoba – 1 cucchiaio di zucchero – 10 g di lievito di birra fresco – 2 cucchiai di prezzemolo tritato – 1 tuorlo – 2 cucchiai di latte – 2 cucchiai di semi di sesamo – 1 melanzana – 1 scatola di ceci lessati – 1 limone – olio extravergine d'oliva – sale

Riunire insieme la farina di ceci, quella di grano duro e la farina manitoba. Aggiungere 1 cucchiaino di sale, lo zucchero, 1 cucchiaio di olio d'oliva e mescolare. Diluire il lievito in 200 ml di acqua tiepida. Versare il tutto sulle farine e impastare, aggiungendo altra acqua, poca per volta, fino a ottenere un impasto liscio, elastico e non troppo colloso. Formare una palla, sistemarla in una ciotola capiente, coprire con la pellicola e lasciar lievitare per circa 1 ora e mezza o finché il volume non è raddoppiato. Dopo questo tempo, reimpastare su una superficie leggermente infarinata e incorporare il prezzemolo tritato. Dividere l'impasto in 8-10 porzioni, formare delle palline, sistemarle su una placca da forno e spennellarle con il tuorlo sbattuto insieme al latte. Cospargere di sesamo e lasciar lievitare per 40 minuti. Infornare infine a 195 °C per circa 20 minuti o finché i panini non sono dorati. Affettare la melanzana a fette spesse 2 cm e grigliarle 3-5 minuti per lato. Sistemare le fette in un piatto, condire con sale e olio d'oliva e lasciar riposare per 20 minuti. Infine, sciacquare i ceci e frullarli insieme a un pizzico di sale, 100 ml di acqua, 1 cucchiaio di succo di limone e 100 ml di olio aggiunto a filo. Per preparare i burger: aprire i panini, spalmare ogni metà con un po' di crema di ceci, aggiungere una "bistecca" di melanzana, chiudere e servire.

Fra San Vito e Marsala è un'altra Sicilia che si profila, radicalmente diversa dal versante barocco, dall'entroterra un po' ruvido o dalla costa che guarda verso l'Africa. Già che siete qui, non dimenticate di esplorare in barca la Riserva naturale dello Stagnone di Mothia e di rifornirvi di sale integrale.

Forse le melanzane sono, fra tutte, le verdure più rappresentative della cucina siciliana, oltre a quelle secondo me più seducenti; il punto è che si possono preparare in tutte le salse ed è raro trovare palati che le disdegnano... Io ovviamente non derogo alla regola e, dalla caponata alla pasta alla norma per non citare la parmigiana, potrei campare solo di melanzane.

Per cambiare un po', quindi, vi propongo un'ottima ricetta da weekend, che si realizza o si adatta facilmente usando vari avanzi di frigo e di dispensa. Una volta sfornate, lasciate riposare le melanzane mentre andate a fare tutt'altro (dal bucato alla spesa al mercato passando per un po' di sana pigrizia), e la sera trovate la cena pronta...

melanzane ripiene con mandorle e ragusano

3 melanzane – 100 g di mandorle spellate – 2 spicchi d'aglio – 50 g di parmigiano grattugiato – 70 g di formaggio ragusano – una manciata di prezzemolo – olio extravergine d'oliva – sale e pepe

Tagliare a metà due melanzane per la lunghezza, condirle con un filo d'olio e cuocerle in forno a 200 °C per 40 minuti. Nel frattempo, in una padella antiaderente, tostare le mandorle. Passare 80 g delle mandorle al frullatore, in modo da ricavarne una farina grossolana, e tritare i 20 g rimanenti al coltello. Tenere tutto da parte. Sbucciare la terza melanzana, tagliarne la polpa a cubetti e saltarla in padella insieme a un filo d'olio e l'aglio tritato. Infine, quando le mezze melanzane saranno cotte, prelevare la polpa con un cucchiaio e tritarla al coltello, poi mescolarla con i cubetti saltati a parte, la farina di mandorle, il parmigiano e 50 g di ragusano tagliato a dadini. Aggiungere il prezzemolo tritato, sale e pepe e riempire le mezze melanzane con questo composto. Finire cospargendo con le mandorle tritate al coltello e il resto del ragusano, grattugiato. Infornare a 200 °C per 20 minuti. Servire tiepide. Per 4.

Abbinare la carne con spezie calde e dolci quali la cannella è proprio una cosa araba. E lo stesso si può dire dell'utilizzo delle mandorle nelle ricette salate. Devo dire che mi piace sempre tantissimo scovare, nella cucina e nella vita siciliana in generale, questi segni lasciati dall'altra sponda del Mediterraneo. Anzi, non c'è nemmeno bisogno di fare molti sforzi: in Sicilia certi piccoli dettagli ereditati dagli arabi affiorano in quantità generosa, anche se uno non li sta cercando. In ogni caso gli sposalizi dolce-salato funzionano sempre benissimo. La prova in queste polpette.

polpettine di carne e mandorle

100 g di mandorle spellate – 500 g di carne trita (misto vitello e manzo) – 300 g di pane secco (messo in ammollo nel latte e strizzato) – 70 g di pecorino grattugiato (non romano) – 1 cucchiaio di cannella – 3 cucchiai di zucchero – 2 uova – olio per friggere – 1 spicchio d'aglio – 500 ml di passata di pomodoro – olio extravergine d'oliva – sale

Tostare le mandorle in una padella antiaderente senza grassi finché non diventano dorate, lasciarle raffreddare poi frullarle in modo da ottenere una farina piuttosto grossolana. Impastare la carne con la mollica di pane, le mandorle, il formaggio, la cannella e lo zucchero, aggiungere infine le uova e amalgamare bene il tutto. Formare delle polpettine non troppo grandi e metterle a friggere nell'olio bollente fino a quando non diventano dorate. Scolare su carta da cucina. Soffriggere brevemente lo spicchio d'aglio in una padella con un filo di olio d'oliva. Versare la passata, salare e lasciar cuocere piano per 10 minuti. Aggiungere infine le polpette e proseguire la cottura nel sugo per una decina di minuti. Servire subito. Per una quarantina di polpette.

PASTA DI
MANDORLE
E 16,00 Kg

I dolcetti delle monache sono fra le cose che più mi intrigano in Sicilia.

Esiste di fatto una solida e secolare tradizione della lavorazione della pasta di mandorle, custodita gelosamente nel silenzio dei monasteri ma che, insieme ai monasteri e soprattutto alle suore, sta lentamente scomparendo. Il che è molto triste. Per ora potete ancora conoscere qualcosa di questa stupenda tradizione – pardon arte – visitando la pasticceria di Maria Grammatico a Erice. Ecco due dolcetti molto simili ai suoi.

sospiri delle monache

150 g di mandorle spellate – 150 g di zucchero – 1 albume – 1 cucchiaino di scorza di limone grattugiata – 1 cucchiaino di estratto di mandorle amare – zucchero a velo

Frullare le mandorle insieme allo zucchero. Trasferire in una ciotola, aggiungere l'albume, la scorza di limone e l'estratto di mandorle amare e mescolare bene fino a ottenere un impasto omogeneo. Staccarne dei pezzetti di circa 20 g l'uno, formare delle polpette e sistemarle su una piastra rivestita con carta da forno, lasciando qualche centimetro di spazio fra una pallina e l'altra. Infornare a 200 °C per 10 minuti o finché i biscottini non diventano dorati. Sfornare, spolverare con lo zucchero a velo e lasciare raffreddare su una griglia. Per una quindicina di sospiri.

palline di mandorle e arancia

200 g di mandorle spellate – 250 g di zucchero – mezza arancia non trattata – 1 cucchiaino di estratto di mandorle amare

Riunire nel mixer le mandorle, 200 g di zucchero, un quarto dell'arancia spezzettata grossolanamente con la scorza e frullare il tutto. Aggiungere l'estratto di mandorle. Toccare la massa frullata: se tiene insieme quando viene premuta è pronta, se invece risulta secchina, aggiungere un altro pezzetto di arancia e frullare ancora, fino a quando non viene assorbito dalla massa di mandorla e zucchero. Testare di nuovo la consistenza. Infine, staccare dalla massa dei pezzetti di 20 g, formare delle polpette, passarle nello zucchero rimanente e sistemarle in piccoli pirottini. Lasciare asciugare per 48 ore prima di consumare. Per una ventina di palline.

palline di mandorle e arancia

sospiri delle monache

I buccellati sono i primissimi dolci che ho conosciuto in Sicilia.

Li vidi al mercato del Ballarò, all'inizio del mio Erasmus palermitano, e me li ricordo tuttora: un intero tavolo carico di piccole e grandi coroncine di pasta dorata da cui spuntava un ripieno scuro, cosparse di minuscoli confetti colorati. Ne fui affascinata. Che si chiamassero così l'ho scoperto molto dopo, per caso, in un corso di linguistica. Nonostante ciò, anzi forse proprio perché ne avevo un timore quasi religioso, non li avevo mai cucinati. Fino all'anno scorso. E credo proprio che diventeranno, insieme agli speculoos, i miei biscotti natalizi ufficiali.

buccellatini

125 g di farina di grano duro – 125 g di farina 00 – 120 g di zucchero – 8 g di lievito in polvere per dolci – 8 g di bicarbonato – 110 g di burro – 100 ml di latte – 250 g di fichi secchi – 40 g di noci – un quarto di arancia non trattata – 1 cucchiaino di miele – una punta di chiodi di garofano in polvere – una punta di cannella in polvere – confettini colorati

PER LA FROLLA: frullare le farine insieme a 100 g di zucchero, il lievito, il bicarbonato e il burro freddo finché questo non viene assorbito. Versare il latte, poco per volta, fino a ottenere una palla. Avvolgere con la pellicola per alimenti e tenere al fresco per 1 ora.

PER IL RIPIENO: frullare i fichi insieme alle noci, l'arancia (buccia + polpa) e lo zucchero rimanente. Quando il tutto sarà ridotto in una pasta, aggiungere il miele e le spezie, mescolare bene e conservare al fresco.

Stendere la frolla a mezzo centimetro di spessore e ritagliare delle strisce larghe 10 cm. Formare una salsiccia di ripieno spessa 2 cm e lunga quanto la striscia di pasta, porla al centro di una striscia e richiudere la pasta su se stessa, sigillando bene i bordi. Tagliare il salsicciotto ripieno così ottenuto in segmenti di 8 cm, poi praticare delle incisioni laterali sulla superficie dei biscotti. Incurvare un po' i biscottini in modo che la pasta si apra leggermente e si intraveda il ripieno. Disporli su una placca foderata con carta da forno, cospargere con i confettini colorati (non amo molto i coloranti ma qui la presenza dei confettini è d'obbligo) e cuocere a 200 °C per 20-25 minuti o finché i biscotti non sono dorati. Per 10-12 buccellatini.

Le porte vetrate si spalancano sulla notte. Un passo, due. I piedi si fermano, esitanti. È solo un attimo, il primo impatto. Le luci al neon dell'aeroporto scompaiono alle spalle del viaggiatore, la notte carica di zagara lo abbraccia silenziosa. Se potesse, forse l'uomo piangerebbe, qui, ora, sul selciato dell'aeroporto di Catania. Per sé e per tutti quelli che come lui sono andati via. Esita solo un istante, poi getta in spalla la sua unica leggerissima borsa e si avvia verso il posteggio delle macchine. E si sente leggero anche lui, come non si sentiva da tempo. Siede in macchina, respira profondamente e accende il motore.

La statale verso sud è orlata di fichi d'india. I loro profili neri irsuti si sfilacciano nella coda dell'occhio. Dai finestrini aperti entrano brandelli di sentori, erba falciata, foglie di limone, corteccia di carrubo. All'uomo verrebbe quasi da sorridere. Intanto la macchina scivola morbida lungo le curve e accelera impercettibilmente nei rettilinei. Appena quel che serve. Nel lettore cd c'è la musica di un giovane cantante hawaiano un po' melancolico.

Il viaggio dura forse un'ora, o poco più, l'uomo guarda davanti a sé, concentrato, il cantante canta piano, sfilano muri coronati da file di schegge di vetro incastonate in uno spesso strato di cemento. Minacce affilate, una familiare e accogliente ostilità.

Le cifre che indicano la distanza per il paese si riducono da due a uno, e qualcosa stringe intorno al cuore dell'uomo. Qualcosa di gioioso e insieme febbrile, qualcosa che ha a che vedere con gli entusiasmi dell'infanzia, non intaccati da delusioni, da timori, pura felicità, a meno che non fosse felice paura.

Lascia la macchina e nel bagliore di luna si incammina verso la casa. La casa. Con la punta delle dita sfiora le foglie del gelso sul quale si arrampicava da piccolo. Ricorda il profumo delle foglie che gli entrava nelle narici, nella bocca, s'impossessava delle sue mani, fino a quando lui stesso diventava gelso. Si ferma davanti alla soglia di pietra. La nonna sedeva qui fuori, sulla sedia di legno, composta. L'uomo pensa alle sue mani ornate di nervature che stringevano la garza intorno alle mandorle pestate. Il latte dolce che colava nella ciotola smaltata, quel sottile sapore vegetale che rimaneva sulle labbra a lungo dopo aver bevuto.

Senza accendere luci spinge la porta, entra in cucina. Le dita lo dirigono, sfiorano il lavello di pietra, il bordo del grande tavolo di legno. Sa che sull'angolo attende una teglia con due scacce sfornate nel pomeriggio, oggi come tutte le volte che rientra. Vicino, un piattino di porcellana dove riposano alcuni biscotti farciti di fichi, posati su un vecchio centrino di pizzo. Non tocca nulla, no, non intende sgualcire il puro piacere dell'attesa. Domani. Sì, domani.

L'uomo attraversa la casa, i saloni, chiude le porte dietro di sé e giunge infine nella stanza, la sua. Si spoglia piano, toglie un pezzo dopo l'altro la sua armatura di viaggiatore moderno, piega gli indumenti e li ripone sulla sedia vicina all'armadio. Poi scivola fra le lenzuola di lino, fresche e appena rigide, con il brivido di sempre. L'ultimo suo sguardo è per il piccolo crocifisso che, appeso alla parete sopra al letto di ottone, per quasi due decenni ha vigilato sul suo sonno. E poi, mentre ascolta il vento leggero che fruga tra le foglie del gelso, piano la sua mente si spegne, serena.

Soste golose: ad Agrigento, i dolci di mandorle e pistacchi delle monache, acquistabili direttamente presso il monastero di Santo Spirito; seguire almeno una volta nella vita il Cous Cous Fest di San Vito; sempre a San Vito, visitare l'azienda di Salvatore Billeci, produttore di spettacolari bottarghe di tonno.

Come molti sono una tifosa del genovese. Non intendo la squadra di calcio bensì il dolcetto tondo di pasta frolla ripieno di crema o, meglio, di ricotta. È anche la prima cosa che gli amici trapanesi mi fecero assaggiare quando, anni fa, visitai per la prima volta un'Erice tutta grigia e avvolta nelle nebbie. Sembrava di stare in qualche freddoloso paesino irlandese, tranne poi consolarsi sconfinatamente al banco della pasticceria di Maria Grammatico, con forse il miglior genovese che abbia mai assaggiato, ancora tiepido e deliziosamente sciogliev0le. Eccolo in versione "caffelatte", per iniziare la giornata di buonumore, dalla colazione.

genovesini da colazione

125 g di farina di grano duro – 125 g di farina 00 – 130 g di zucchero – 100 g di burro – 2 tuorli – 100 g di ricotta – 1 cucchiaino scarso di polvere di caffè – una punta di cardamomo in polvere

PER LA PASTA FROLLA: frullare le farine insieme a 100 g di zucchero e il burro fino a quando questo non è assorbito dalla farina. Aggiungere i tuorli, frullare ancora, poi 4-5 cucchiai di acqua fredda, un cucchiaio per volta, fino a quando gli ingredienti non iniziano ad amalgamarsi. Trasferire l'impasto su un piano leggermente infarinato, formare una palla, avvolgerla con la pellicola e tenere al fresco per 1 ora. Nel frattempo aggiungere alla ricotta lo zucchero rimanente, il caffè e il cardamomo e lavorare il tutto con una forchetta in modo da ottenere una crema.

Stendere infine la frolla a mezzo centimetro di spessore. Ritagliare dei pezzi di 5 x 10 cm. Deporre 1 cucchiaino di ricotta al centro di ogni ritaglio, spennellare un po' d'acqua intorno al ripieno, poi piegare la striscia di pasta a metà sigillandola sui bordi. Premere bene intorno al ripieno poi ritagliare i genovesini con un tagliapasta o un bicchiere di 5 cm di diametro. Procedere allo stesso modo per tutto l'impasto. Infornare a 180 °C per circa 15 minuti o fino a quando i bordi non diventano dorati. Per una decina di genovesini.

karalis

Karalis è semplicemente il nome romano di Cagliari. Qualcuno afferma che l'origine del nome sia greco, qualcun altro ipotizza un'etimologia risalente a un toponimo fenicio che significa "città di Dio". Non sarebbe poi sorprendente, in quanto Cagliari, che sorge su sette colline, si affaccia sul golfo degli Angeli, non lontano dalla Sella del Diavolo... E a Cagliari è tutto così, suggestivo, un filo romantico, un pochino retrò, un luogo permeato di aria venuta dal mare e di sapori genuini dell'entroterra. Ecco il mio resoconto in ricette di un breve soggiorno passato a gironzolare per una città vicina e lontana e, temo, misconosciuta a molti.

È sempre curioso misurare le distanze osservando le abitudini delle persone. Per esempio, se non so cosa cucinare, è facile che prepari una quiche di verdure e formaggi orfani rinvenuti nel frigorifero. Magari usando la pasta sfoglia già pronta. La mia amica Margherita, invece, quando è a corto di risorse tira fuori dal frigo il barattolo di strutto e, così su due piedi, con i gesti che le hanno insegnato la mamma e la nonna quando aveva otto anni, lavora la pasta per la sua panada vegetariana (per modo di dire, visto che c'è lo strutto dentro...). Che è poi questa. Credo proprio che, in futuro, seguirò più spesso il suo esempio...

panadas con patate, erbe e pomodori secchi

400 g di rimacinato di grano duro – 120 g di strutto – 4 patate medie – 4 pomodori secchi – 1 rametto di prezzemolo – 1 rametto di maggiorana – qualche foglia di basilico fresco – 1 spicchio d'aglio – olio extravergine d'oliva – sale e pepe

Impastare la semola con lo strutto aggiungendo via via un po' d'acqua fino a ottenere un impasto compatto ma non secco. Impastarlo a mano per 10 minuti finché non diventa liscio e leggermente elastico. Avvolgere con la pellicola e lasciar riposare al fresco per 30 minuti. Nel frattempo sbucciare le patate e ridurle a fette di 2 mm, poi cuocerle in acqua bollente leggermente salata per 5-7 minuti, scolarle e versarle in una ciotola capiente. Aggiungere i pomodori tagliati a pezzettini e le erbe tritate finemente insieme all'aglio. Condire con un filo d'olio e aggiustare di sale e pepe. Infine, stendere metà della pasta in una sfoglia di 1-2 mm di spessore, foderare 4 cocotte monoporzione da 8 cm di diametro (o una grande da 22 cm) e riempire con il composto di patate, poi stendere l'altra metà con cui formare i coperchi e sigillare le panadas. Lasciar fuoriuscire i bordi, sia della base che del coperchio, di 1 cm, e ripiegare questo bordo verso l'interno pizzicandolo. Infornare a 180 °C per 40 minuti.

Per molto tempo il pane carasau fu per me un mistero: non capivo bene l'utilità di quei grandi fogli secchi e fragili. La verità è che sul "continente" assaggiamo dei carasau non proprio ottimi e non sappiamo cosa farcene. Ho iniziato a cambiare idea qualche anno fa scoprendo i panini di carasau farciti di caciocavallo e, discutendo con le amiche cagliaritane, ho finalmente capito: con il pane carasau si può fare di tutto!

cestini con ricotta, limone e bottarga

2 fogli di pane carasau – 150 g di ricotta fresca di capra – 1 cucchiaino di scorza di limone grattugiata – 2 cucchiai di rucola tritata – bottarga di muggine – olio extravergine d'oliva – pepe nero in grani

Passare il pane carasau sotto l'acqua fredda e lasciarlo riposare per 5-10 minuti, poi ricavarne circa 16 quadretti di 10 cm di lato. Sistemare i quadretti di pane in stampini di alluminio di circa 5 cm di diametro leggermente unti con olio d'oliva. Sistemare al centro di ogni cestino di carasau una pallina di carta da forno che servirà a fargli mantenere la forma. Infornare a 175 °C per 8-10 minuti o finché il pane carasau non è croccante, poi togliere la carta. Lavorare a crema la ricotta insieme alla scorza di limone, un filo di olio d'oliva, un po' di pepe nero macinato e la rucola. Affettare sottilmente la bottarga in modo da formare dei piccoli riccioli. In ultimo deporre un cucchiaino di crema di ricotta in ogni cestino di carasau, completare con un paio di riccioli di bottarga e servire subito come aperitivo. Per 16 finger food.

lasagnette con pesto, noci e stracchino

4 fogli di pane carasau – brodo vegetale – 10 rametti di finocchietto selvatico – 1 mazzetto di basilico – 1 spicchio d'aglio – 150 g di stracchino – 50 g di noci – 40 g di pecorino romano – olio extravergine d'oliva – sale

Bagnare il pane carasau nel brodo e lasciarlo riposare. Preparare il pesto frullando il finocchietto insieme al basilico, l'aglio sbucciato, una presa di sale, 3 cucchiai di acqua e un generoso filo di olio d'oliva. Ungere d'olio 4 ramequin, ricavare dal pane carasau dei dischetti del loro diametro e alternarli con pesto, pezzetti di stracchino e noci tritate fino a esaurire tutti gli ingredienti. Finire con un filo di olio d'oliva e una spolverata di pecorino grattugiato. Infornare a 200 °C per 25 minuti. Sfornare e servire subito. Per 4.

cestini con ricotta, limone e bottarga

lasagnette con pesto, noci e stracchino

Fra le molte cose che non sapevo c'è quella che in Sardegna con il latte di pecora si fa un (buonissimo) formaggio erborinato. Si chiama brebiblu e assomiglia per molti versi al gorgonzola, o piuttosto al Roquefort, erborinato francese prodotto con il latte di pecora, ma con ovviamente una personalità tutta sua, piccante ma non troppo. Un bel prodotto, di cui ignoravo l'esistenza. La mia amica Margherita ci fa un'insalata di fichi freschi con nocciole e una punta di miele, che io ho voluto tramutare in un'"insalata con pane".

millefoglie di carasau con brebiblu, fichi e rucola

4 fogli di pane carasau – 8 fichi verdi maturi – 120 g di brebiblu (o gorgonzola piccante) – 1 mazzetto di rucola – 1 spicchio d'aglio – 20 g di mandorle spellate – 1 cucchiaino di miele di castagno – olio extravergine d'oliva – sale

Tagliare ogni foglio di pane carasau in 4 pezzi. Sbucciare i fichi e ridurli a spicchietti, poi spezzettare il formaggio. Frullare metà della rucola con un pezzettino di aglio, le mandorle fatte tostare in una padella antiaderente e un pizzico di sale. Aggiungere il miele e, a filo, circa 200 ml di olio d'oliva. Infine, nei piatti, alternare i fogli di pane con le foglioline di rucola rimanenti, i fichi, i pezzettini di formaggio e cucchiaini di pesto. Servire subito. Per 4.

CASSATE
GELATI
SPUMONI
FRAPPÈ
BOMBA
THE FREDDO
SPREMUTE

3 ROTOLI
€.2

GATTUCCI
"BURRIDA"
€ 6.00

Soste golose: Durke, nella marina di Cagliari, per l'antichità del locale, i bei forni rivestiti di piastrelle bianche e, soprattutto, per gli ottimi biscotti vecchio stile; la Bottega Sarda per una selezione buona e sfiziosa di prodotti alimentari sardi, con menzione speciale per la linea dei biscotti tradizionali della Dulcis Pasticceria; Stefino per il gelato artigianale, bio ed equosolidale.

I due signori scesero silenziosi nella pancia sotterranea del mercato di San Benedetto. Il giorno non era iniziato da molto ma la grande sala quadrata era già gremita di pescatori, e ognuno sul suo banco aveva disposto ciò che il mare aveva spinto nelle sue reti quella notte. Cascate argentate e luccicanti di pescetti da zuppa, mosaici dai riflessi preziosi fatti di spigole, sampietri e ricciole, tappeti di tranci di tonno grondanti di sangue scuro, enigmatiche murene disposte qua e là, vaporose matasse di zampe e chele: uno spettacolare bengodi che si rinnovava ogni mattina. Se ne rimanevano lì, i pescatori, impacciati dietro ai tavoli di marmo carichi di pesci, con le braccia penzoloni. Come se, privi di reti da levare o barche da guidare nella tempesta, non sapessero cosa fare delle proprie mani. Sui pesci intanto scintillava una fresca patina iodata che i due signori respiravano con evidente piacere. Giravano fra i banchi, sempre silenziosi. Valutavano. Con uno sguardo veloce soppesavano montagnette di pescetti panciuti, scrutavano i riflessi verde fluorescente dei verdoni, misuravano il dorso blu elettrico e le pance argentate punteggiate di rosso di certi piccoli esemplari locali. E pregustavano quella deliziosa linfa salina che offriva il mercato a mo' di aperitivo mattutino. I loro sguardi s'infilavano nelle branchie rosso porpora ancora palpitanti, scrutavano pupille nere e vibranti, stimavano la rigidità di una lisca, il color latteo della spina del pesce spada.

I due si muovevano meticolosi e determinati, e giustamente anche, poiché la loro era una lotta. O, meglio, un dovere. Stavano facendo la spesa. Un esercizio esclusivo e molto serio, che significava non solo nutrire la famiglia, ma anche gestire al meglio l'economia di casa. Così, a seconda delle giornate e dell'offerta, finiva che tornavano a indugiare sulle fette di ventresca di tonno, adagiate nel loro grasso languore, sulle montagne di granchietti o cozze lucenti come pece, oppure individuavano un bel pesce grosso da cuocere in forno. Qualche volta puntavano lo sguardo sugli astici dai riflessi blu che, sentendosi osservati, sbattevano la coda con rabbia, come a dire "inutile che ci pensiate". In altri giorni la scelta cadeva sulle anguille aggrovigliate in nodi nervosi, che avrebbero insaporito una panada con le patate, o sugli squaletti qui chiamati gattucci, che attendevano nudi e rosei che qualcuno li vestisse di salsa con le noci. O su un paio di manciate di piccoli pesci ignoti da passare nella semola e friggere. Comunque finiva, dopo un po' di implacabili contrattazioni sul prezzo, ciascuno dei due signori portava a casa, avvolto nelle pagine dell'"Unione Sarda", un pezzetto di mare che avrebbe deposto sulla tela cerata del tavolo di cucina, consegnando così il tesoro alla moglie, che avrebbe dovuto inventarsi il pranzo. I due signori si sarebbero incrociati di nuovo qualche ora dopo e, placidi, rituali e insieme compiaciuti, avrebbero domandato l'un all'altro: "E tu cos'hai per pranzo?".

Tempo addietro, quando il valore delle donne risiedeva tutto nell'educazione alle scienze domestiche che veniva impartita a casa (detto così sembra arcaico, eppure è solo logico: in un'isola tagliata fuori dal mondo era di importanza vitale saper fare tutto da sé, quindi cucinare ma anche tessere le lenzuola, cucire e ricamare i vestiti, lavorare a maglia e via dicendo), la fregola era l'ultima cosa che veniva insegnata alle ragazze. E dire di una ragazza che "sa fare la fregola" significava che era pronta a sposarsi, perché sapeva fare tutto ciò che serve per portare avanti una famiglia. Le ragazze di oggi sono un po' diverse e del resto ci sono ottime aziende sarde che commercializzano favolose fregole artigianali, ma la trovo una bella evocazione lo stesso.

fregola con cozze e pecorino

1 cipolla – 40 g di guanciale – 1 kg di cozze – 1 bicchiere di vino bianco – 350 g di fregola media – 400 g di pomodori pelati – 400 ml di brodo vegetale – 80 g di pecorino stagionato – olio extravergine d'oliva – prezzemolo – sale – pepe nero in grani

Sbucciare la cipolla e tritarla finemente. Farla rinvenire con un filo di olio d'oliva, aggiungere il guanciale tritato finemente e lasciar rosolare il tutto per qualche minuto. Unire poi le cozze pulite, versare il vino e lasciar andare tutto a fiamma alta per qualche minuto finché le cozze non si sono aperte. Nel frattempo cuocere la fregola in abbondante acqua leggermente salata e scolare a metà cottura. Eliminare i gusci di circa metà delle cozze, versare il pomodoro e il brodo, riportare a bollore e unire la fregola. Proseguire la cottura a fuoco dolce per 5-7 minuti, mescolando spesso. Spegnere, aggiungere il pecorino e servire con del pepe nero macinato e un po' di prezzemolo finemente tritato. Per 4.

I malloreddus sono tradizionalmente serviti con sugo di pomodoro e salsiccia (qualcosa di molto simile al condimento degli gnocchi acqua e farina di mia suocera calabrese) e il loro impasto contiene spesso un pizzico di zafferano. Tenendo a mente sia l'una che l'altra cosa, e ricordando anche certi accostamenti portoghesi (nella fattispecie la carne all'alentejana) e come in Sardegna il profumo mare si accosti sovente ai sapori forti dell'entroterra, ho pensato a un piatto di malloreddus "mare & campagna".

malloreddus con vongole, salsiccia e zafferano

1 spicchio d'aglio – 80 g di salsiccia – 1 bicchiere di vino bianco – 2 foglioline di alloro – 200 g di vongole veraci – 350 g di malloreddus – una presa di fili di zafferano – olio extravergine d'oliva – sale

In una padella capiente, scaldare un filo di olio d'oliva insieme all'aglio in camicia. Aggiungere la polpa di salsiccia ridotta a tocchetti e rosolare per qualche minuto o finché la carne non è ben cotta. Sfumare con il vino, aggiungere l'alloro e le vongole, coprire e lasciare che le vongole si aprano. Nel frattempo cuocere la pasta in abbondante acqua leggermente salata. Quando le vongole saranno aperte aggiungere lo zafferano, mescolare e unire infine i malloreddus scolati. Far saltare il tutto insieme per 1 minuto a fuoco vivace, spegnere e servire subito. Per 4.

In Italia sembra proprio che isola che vai capperi che trovi.

Ricordo che tempo fa altri isolani cercarono di convincermi che i capperi di Salina, o di Pantelleria, erano i migliori fra tutti. Così sono arrivata alla conclusione che ogni cappero sta bene con il cibo del posto dove cresce. E quindi i capperi sardi li propongo con la buzzonaglia che arriva dalle tonnare di Carloforte ma anche con le classicissime orate alla vernaccia.

orate alla vernaccia con capperi e finocchietto

2 spicchi d'aglio – 2 orate – 200 ml di vernaccia di Oristano – 3 cucchiai di capperi sotto sale– finocchietto selvatico – prezzemolo – olio extravergine d'oliva – sale

In una padella capiente, scaldare un filo di olio d'oliva insieme all'aglio in camicia. Lasciar soffriggere a fuoco dolce per qualche minuto poi aggiungere le orate, lavate, squamate ed eviscerate, e farle dorare leggermente su entrambi i lati. Versare poi il vino, aggiungere i capperi dissalati, le erbe e un pizzico di sale. Lasciar cuocere a fuoco medio per una decina di minuti, rigirando i pesci un paio di volte, fino a quando il vino non è in gran parte evaporato formando un sughetto sul fondo della padella. Spegnere e servire. Per 2.

linguine con buzzonaglia di tonno, olive e capperi

320 g di linguine – 100 g di buzzonaglia di tonno – 3 cucchiai di olive nere snocciolate – 2 cucchiai di capperi sotto sale – 1 limone non trattato – 20 g di pecorino stagionato – 2 cucchiai di prezzemolo tritato – olio extravergine d'oliva – sale

Mettere a cuocere le linguine in abbondante acqua leggermente salata. In una ciotola capiente mescolare la buzzonaglia, le olive grossolanamente tritate, i capperi dissalati e tritati, 1 cucchiaino di scorza di limone grattugiata e il pecorino a scagliette. Aggiungere il prezzemolo, 1 cucchiaio di succo di limone e un generoso filo di olio d'oliva, mescolare bene il tutto e lasciare insaporire. Scolare infine la pasta e mescolarla insieme al condimento nella ciotola. Servire subito. Per 4.

linguine con buzzonaglia di tonno, olive e capperi

orate alla vernaccia con capperi e finocchietto

dulcis pasticceria
dolcetti con mandorle e uva sultanina
pabassine
dulcis pasticceria
assortite praline di pasta di mandorle ricoperte di deliziosa cioccolata
sospiri
dulcis pasticceria
dolcetti con mandorle e uva sultanina
pabassine
dulcis pasticceria
una deliziosa selezione di dolcetti sardi: amaretti, gueffus, pabassine, sospiri e tiliccas
assortiti
bottega sarda

Melacotogna
Fichi d'India
Fichi
Mela e Fragola
bottega sarda
N°4
FICHI
D'INDIA
CONFETTURA
N°4
FICHI
D'INDIA
CONFETTURA
ARANCIA
miele
miele
miele
miele

Questa torta, anche se ha subito leggerissime variazioni
nel corso del tempo, la faccio da quando sono in Italia, come dire – quasi – da sempre. E mi sorprende tuttora quanto piaccia a chiunque data la sua semplicità disarmante, oltre al fatto che non stufa mai nemmeno la sottoscritta. La ripropongo ancora una volta, assicurando che è ottima a colazione, a merenda, per l'ora del tè e persino, davvero, come dessert un po' più formale: basta farne delle miniporzioni, farcirle con un generoso strato di lemon curd o di ganache al cioccolato bianco e finire con un cucchiaio di candida glassa bianca.

la mia torta sarda alla ricotta

3 uova – 300 g di zucchero – 300 g di ricotta (di pecora) del giorno prima – 1 limone non trattato – 1 arancia non trattata – 1 cucchiaio di filu 'e ferru (o altra acquavite) – 300 g di farina – 16 g di lievito in polvere per dolci

Separare i tuorli dagli albumi e con la frusta lavorare i primi con lo zucchero. Incorporare la ricotta, la scorza grattugiata degli agrumi e il filu 'e ferru. Aggiungere infine la farina, setacciata a parte con il lievito, mescolare bene il tutto e incorporare per ultimo gli albumi montati a neve. Versare il composto in una tortiera di 21 cm di diametro foderata con carta da forno e infornare a 180 °C per 45 minuti. Verificare la cottura con uno stecchino prima di sfornare. Per 8.

Veramente si chiama "semifreddo al gatò"...

E io che pensavo che il termine "gatò" (preso in prestito dal francese) si usasse solo in Campania. Ebbene no, lo usano anche i sardi, solo che non si riferiscono a una qualche preparazione con le patate bensì al loro amato e classicissimo croccante di mandorle. Con questo croccante, appunto, si può preparare il seguente semifreddo. Per esperienza personale consiglio di prevedere doppie dosi di croccante che, non si sa bene né come né perché, se tenuto per un giorno o due su un vassoio sul ripiano della cucina tende a volatilizzarsi misteriosamente.

semifreddo al croccante di mandorle con salsa di lamponi

200 g di mandorle spellate – 320 g di zucchero – 1 limone – 4 uova – 30 g di maizena – 500 ml di panna fresca – 125 g di lamponi freschi – 2 cucchiai di grappa

PER IL GATÒ: affettare al coltello le mandorle. Riunirle insieme a 200 g di zucchero in una padella di alluminio e lasciare che lo zucchero si caramellizzi, mescolando fino a quando il caramello è ambrato e le mandorle risultano ben tostate. L'insieme dovrebbe prendere un colore oro scuro. Riversarlo su una superficie di marmo (o un Silpat) e, aiutandosi con un limone tagliato a metà, schiacciare il tutto in modo da formare uno strato sottile (5 mm circa) di croccante. Lasciar raffreddare completamente. Quando il croccante sarà freddo e duro, prelevarne 300 g e passarli per 20 secondi nel mixer (o al mortaio) in modo da frantumarlo.

PER IL SEMIFREDDO: rompere le uova in una grande ciotola resistente al calore, aggiungere 80 g di zucchero e la maizena, sistemare la ciotola a bagnomaria e montare il tutto, con la frusta, per 6-8 minuti o finché il composto non è bello spumoso. Togliere la ciotola dal bagnomaria e lasciar raffreddare. Infine, aggiungere il croccante frantumato nel composto di uova e incorporare delicatamente la panna montata a parte. Versare in stampini individuali di silicone o di alluminio (eventualmente foderati di pellicola) o in uno stampo grande. Trasferire in freezer per almeno 4 ore. Per servire, cuocere i lamponi con lo zucchero restante, la grappa e mezzo bicchierino d'acqua, fino a ottenere una salsa densa. Lasciare raffreddare completamente e tenere al fresco prima di servire con il semifreddo. Per 8.

Ditta Trinchetti, Roma

Aperitivo con autoritratto, Cagliari

La piccola ladra di fagottini

Innumerevoli spritz

Chiara all'opera

Scatto di copertina con Giuliano

Milano, torre RCS, prime prove

Usi alternativi del passeggino: creare ombre per i soggetti da fotografare

Il Poetto

In cucina con Margherita

Pausa merenda con la torta sarda

indice delle ricette

Antipasti

Cose lievitate

Primi

Secondi

Dolci

i libri che ho consultato

AA.VV., *Sapori della cucina regionale italiana, I dolci*, 6 volumi, Mondadori

Sergio Bartolucci, *Segreti in cucina, 150 ricette nella tradizione del Verbano Cusio Ossola*, Eco risveglio, 2005

Luciano De Giacomi e Beppe Lodi, *Nonna Genia*, Araba Fenice, 1998

Anna Gosetti della Salda, *Le ricette regionali italiane*, Solares, 1967

Maria Grammatico e Mary Taylor Simeti, *Mandorle amare*, Flaccovio, 2004

Thomas Graziani, *Il quaderno delle ricette del Lago Maggiore*, Ecolibri, 2008

Fabiano Guatteri (a cura di), *La grande cucina regionale*, Sardegna, Rizzoli, 2005

Tessa Kiros, *Venezia*, Murdoch Books, 2008

B. Minerdo e G. Novellini (a cura di), *Ricette di osterie d'Italia, Il pesce*, Slow Food, 2004

Benito Mazzi, *La Pacioliga, umori e sapori della vecchia Vigezzo*, Il rosso e il blu, 2005

Alessandro Molinari Pradelli, *La cucina regionale italiana*, 24 volumi, Newton & Compton, 2003

Nicoletta Selloni, *Dolcezze di Sardegna*, Carlodelfino, 2007

grazie!

Innanzitutto ai lettori, di vecchia data e non, del mio blog: senza il vostro sostegno e la vostra entusiasta interazione non sarei qui a scrivere ora, quindi grazie di cuore per questi sette anni passati a crescere insieme! Poi, come al solito, un grande grande grazie a Chiara Borda per le innumerevoli serate passate insieme al telefono, a impaginare le foto e i testi di questo libro, nonché (neanche tanto di rado), a chiacchierare di tutt'altro. Grazie a Serax per il piatto Peter Goossens Geometry di pp. 29, 77 e 182; a Davide Dutto, Piero e Ugo Alciati – con anche un pensiero per la loro mamma Lydia purtroppo scomparsa – per la sempre ottima accoglienza nelle Langhe; a Chiara Coppa & famiglia per avermi ospitata presso il loro carinissimo B&B La torre di Nonio; a Gabriele Garella per aver pensato di farmi conoscere La Casera; a Roberta & famiglia del bar Aurora di Gravellona per la loro estrema gentilezza; a Raquel Del Rio e Le Creuset per le cocotte di pp. 94 e 165; a Laura Traversa dell'Emporio delle Spezie, a Testaccio, per la sua compagnia e il suo affetto (nonché per le sue deliziose spezie!); a Flavio dell'osteria Flavio al Velavevodetto, a Testaccio, per aver condiviso le sue ricette (e avermi regalato i carciofi più "bbuoni" che abbia mai cucinato); a Emanuela Comignani - lo spaccio di testaccio al mercato dello stesso nome – che mi ha prestato gli accessori del capitolo Karalis e con la quale è sempre un piacere fermarsi a chiacchierare; a Raffaella Prandi in ricordo della gita a Capalbio (ah i vecchi tempi!); a Fulvio Pierangelini, ovunque lui sia, per le preziose lezioni impartite su cucina e umiltà; a Oriana Di Gregorio per gli indirizzi livornesi; a *tastexp.com* per la farina di ceci toscana e l'olio di nocciole piemontesi; a Sofia Praino per le dritte e i racconti maceratesi che ho fatti miei; a Daniela Masina e Anna Moroni per la ricetta del babà salato e, in generale, per il sostegno e le tante cose buone mangiate insieme; a Rossella Venezia (*vanigliacooking.blogspot.it*) per il fantastico tagliere di legno di p.178; a Livia, Alfonso e Ernesto Iaccarino per l'ospitalità, per averci aperto le loro cucine e il loro incredibile orto; a Gino Pesce e l'Acquapazza di Ponza per la lunga chiacchierata sull'acquapazza e le sue varianti; a Gennaro Esposito per aver inventato quel capolavoro goloso che è la parmigiana di pesce spatola; a Emidio Mansì, che ci indicò il meglio di Vico Equense; a Keiko e Chika che sono sempre fantasticamente giapponesi e *so inspiring*; ad Arianna Occhipinti per quel pranzo di tanto tempo fa e per la sua grandissima disponibilità; a Lorenzo Piccione di Pianogrillo che prima o poi tornerò a trovare; a Marco Sajeva & famiglia per tutti i favolosi ricordi dell'ultimo soggiorno palermitano; a Maria Grammaticò che non conosco di persona ma che ringrazio infinitamente per tramandare l'opera dolciaria delle monache di Erice; a Silvia Crucitti (*kitchenqb.it*) per la passeggiata a Sferracavallo e per la foto qui accanto (settembre 2010, ero incinta di 3 mesi, come vola il tempo); a Valentina Calatri per avermi accompa- gnato alla ricerca dei fenicotteri in ogni singolo stagno intorno a Cagliari, (ndr: eliminando questa sfumatura si perde metà del messaggio); alla fenomenalissima Margherita Falqui per avermi mostrato le mille facce della sua Cagliari e per avermi aperto la sua cucina (sei un mito!); alla Ditta Trinchetti in via della Lungaretta a Trastevere dove abbiamo scattato la foto di copertina; a Giuliano Koren per la pazienza e la foto di copertina (con un saluto ad Ale e al piccolo Jan!); a Felipa, la miglior tata che potevamo sognarci e che ci mancherà tanto, a Sara Colasanto e Sandra Di Fausto, le irrinunciabili compagne di birretta, nonché di corso preparto, per l'amicizia e i sani momenti di relax; infine grazie anche ai miei genitori che continuano a seguirmi in tutto quello che faccio, a mia suocera sempre pronta a farci trovare un pranzo o una cena; e a Gaetano e Lena che ringrazio per esserci: siete ciò che ho di più caro.

EOS 5D

Finito di stampare nel mese di agosto 2012 presso
Errestampa s.r.l., Orio al Serio (BG)